SUPER EASY ENGLISH

미국쌤 엄마, 문법탐험가 아빠가 알려주는

Super Easy English

초판 1쇄 발행 2020년 1월 7일
초판 2쇄 발행 2021년 4월 15일

지은이 김종수, 앨리슨 리

발행인 백유미 조영석
발행처 (주)라온아시아
주소 서울특별시 서초구 효령로 34길 4, 프린스효령빌딩 5F

등록 2016년 7월 5일 제 2016-000141호
전화 070-7600-8230 **팩스** 070-4754-2473

값 15,000원
ISBN 979-11-90233-40-8 (13370)

※ 라온북은 (주)라온아시아의 퍼스널 브랜드입니다.

미국쌤 엄마, 문법탐험가 아빠가 알려주는

SUPER EASY ENGLISH

김종수, 앨리슨 리 지음

RAON BOOK

Super Mom's Mission

한국에서도 원어민처럼 공부하자!

딸: 엄마는 왜 갑자기 작년에 미국에 간 거예요? 엄마가 한국에서 하던 영어학원 참 재미있었는데…….

엄마: 사실은 엄마의 Super Mission 때문이야.

딸: Super Mission? 그게 뭔데요?

엄마: 엄마의 Super Mission은 '한국 아이들도 원어민처럼 영어를 편하게 쓸 수 있는 방법을 찾아내는 것'이야.

딸: 한국에서 영어를 배우고도 그게 가능해요? 정말 Super Mission이네. 그런데 엄마는 왜 그런 꿈을 갖게 되었어요?

엄마: 엄마는 미국에서 초등학교 선생님이었어. 어느 날 현지 아이들을 가르치다 엄마가 10살 때 미국에 처음 왔을 때가 생각났어. 그때 영어를 한마디도 못해 막막하고 너무 힘들었단다. 그런데 한국 아이들도 영어 공부를 하면서 나처럼 힘들겠다는 생각이 들어서 미국에서 선생님을 하면서 배운 것을 바탕으로 한국 아이들을 가르쳐 보고 싶어졌어.

딸: 그래서 한국에 와서 아이들을 가르친 거군요.

엄마: 그런데 무언가 채워지지 않는 것이 있어서 다시 고민에 빠졌고 그 답을 찾기 위해 미국으로 돌아간 거란다. 미국 초등학교에서 '대체 선생님'으로 일하면서 미국 교육 현장을 눈으로 보고 귀로 들었어. 그리고 미국 엄마들이 공원이나 놀이터에서 아이들과 노는 모습들을 눈여겨보았단다. 그랬더니 그동안의 궁금증이 풀리는 느낌이 들었어.

딸: 뭔가 찾은거죠?

엄마: 그래! 엄마가 찾은 것은 Family English야.

딸: Family English? 가족끼리 집에서 하는 영어 말하는 거예요?

엄마: 맞아. 영어는 언어라서 많이 해보는 게 중요해. 학원에서 일주일에 4~5시간 하는 것만으로는 부족하지. 집에서 엄마 아빠와 간단하게 영어를 쓸 수 있다면 친구들이 영어를 접하는 시간이 늘어나지 않겠니?

딸: 아주 어릴 때부터 간단한 영어로 시작한다면 더 자주 영어를 쓸 것 같아요.

엄마: Good idea! 엄마는 앞으로 'Family English'를 많이 소개할 거야. 집에서 할 수 있는 영어 놀이도 그중 하나야.

딸: 놀이라면 자신 있죠. 엄마랑 같이하면 재밌을 것 같아요.

엄마: 우선 이 책에는 아이들이 평소에 자주 헷갈리는 표현 30가지를 묶어 놓았단다. 신기하게도 네 또래 친구들이 틀리는 표현이 거의 비슷하더구나.

딸: 어떤 걸 틀리는지 궁금한데요. 저도 한번 확인해 봐야겠어요. 온 가족이 함께 즐겁게 말하는 진짜 미국식 Family English 표현! 어서 시작해 봐요!

Super Daddy's Mission

영문법에 숨어 있는 원어민의 '감'을 찾아라!

아빠: 아까 엄마가 영문법 문제 푸는 거 보았니?

아들: 네. 엄마는 원어민이라서 그런지 다른 것 같아요. 문제를 그냥 쭉 읽고 자연스러운 것을 찾더라고요. 근데 다 정답이에요.

아빠: 그러면서 엄마는 우리에게 "원어민은 영어에 대한 '감(感)'이 있어"라고 말했지?

아들: 네. 그리고 그 '감'을 말로 설명하긴 어렵다고 했어요.

아빠: 아빠는 그 감을 말로 표현해보고 싶었어. 그것이 아빠가 스스로에게 내준 Super Mission이야!

아들: 그럼 아빠가 10년 전부터 영문법 탐험가가 되겠다고 하신 것이 그 Mission을 이루어내기 위한 것이었나요?

아빠: 빙고! '감'을 말로 표현하려면 원어민들이 왜 그런 감을 갖게 되었는지 이유를 알아야 했어. 그 이유는 분명 영어의 역사와 문화에 있을 거라고 확신하고 탐험을 시작했지.

아들: 근데 정말 영문법들이 생겨난 이유가 있나요?

아빠: 아빠가 연구를 해보니 이유가 여러 개인 경우도 있었고, 때로는 다른 문법의 이유들로부터 추리해야 하는 경우도 있었어. 하지만 확실한 것은 '우리가 고개를 끄덕일 만한 영문법의 이유들이 꼭 있다'는 점이야. 게다가 역사적으로 영문법을 연구한 사람들 중에는 수학자와 과학자가 많았단다.

아들: 그럼 영어도 수학처럼 공식과 원리가 숨어 있을 수 있겠는데요?

아빠: 맞아. 수학처럼 완벽하지는 않지만 말야.

아들: 근데 영문법은 왜 꼭 이유를 알고 시작해야 하나요? 그냥 이유를 알 필요 없이 그냥 외우는 게 더 빠르고 좋을 수도 있잖아요.

아빠: 그렇게 생각할 수도 있지만 영문법도 이유를 알고 공부하면 너에게 놀라운 변화가 생긴단다.

아들: 그게 뭔데요?

아빠: 이유를 모르고 외우면 잘 외워지지도 않겠지. 그런데 이유를 알면 어떻겠니?

아들: 잘 안 잊어버릴 것 같아요. 그리고 어려운 수학 문제를 풀려면 머리가 아프지만 문제를 논리적으로 풀면 수학 공부가 재미있어지는 것처럼, 영문법도 재미있게 공부할 수 있을 것 같아요.

아빠: 그래 맞아. 이 책에는 아빠가 10년 동안 찾은 영문법의 보물들이 담겨 있단다. 자, 이제 한 가지씩 구경해 볼까?

차 례

1장
Super Daddy가 알려주는 이해 쏙쏙 영문법 48

2장
Super Mom이 알려주는 헷갈리기 쉬운 영어 30

난이도별 차례

1장

Super Daddy가 알려주는 이해 쏙쏙 영문법 48

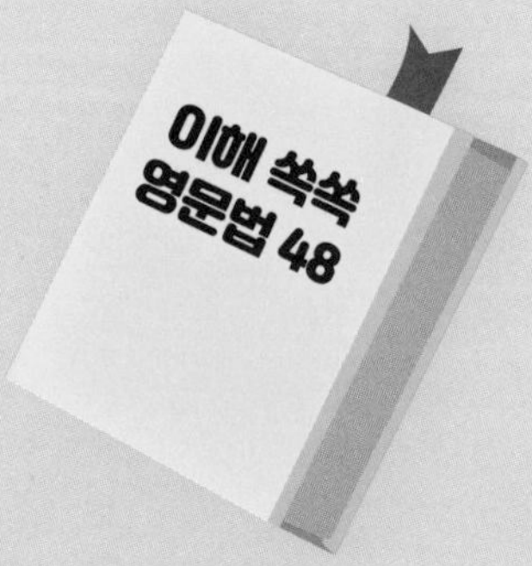

01

in the morning, in the afternoon, in the evening인데 왜 밤만 at night인가요?

- I get up **in the morning.**
  나는 아침에 일어난다.
- I play **in the afternoon.**
  나는 오후에 논다.
- I eat dinner **in the evening.**
  나는 저녁에 식사를 한다.
- I sleep **at night.**
  나는 밤에 잔다.

매일 하는 일을 적어봤습니다. 그런데 morning(아침), afternoon(점심), evening(저녁)은 모두 앞에 'in the'를 쓰는데, 왜 night(밤)만 'at night'일까요? 원어민들도 그냥 그렇게 외워서 쓰는 걸까요? 혹시 이유가 있는 것은 아닐까요?

in vs. at, 느낌이 달라요

in과 at은 시간 앞에 쓰면 뜻이 같아요. '(아침)에', '(밤)에'입니다. 그렇지만 in은 at보다 더 큰 시간 앞에 씁니다. in은 월, 계절, 년도, 세기(in April / in spring / in 2020)에 붙여 씁니다. at은 그보다 작은 단위인 '시간'(at 3 o'clock, 3시에)에 쓰지요.

전치사가 주는 느낌대로라면 at과 함께 쓰는 night은 in과 함께 쓰는 morning, afternoon, evening보다 작은 단위입니다. 아침과 점심, 저녁, 밤은 모두 똑같이 6시간인데 영어는 왜 밤만 더 작다고 표현하는 걸까요? 아침, 점심, 저녁, 밤은 숫자상으로는 똑같은 시간이지만 사람이 느끼는 시간의 길이가 다르기 때문입니다.

우리는 아침, 점심, 저녁에 여러 가지 일을 합니다. 그래서 시간이 길게 느껴져요. 그렇지만 밤에는 잠을 자려고 눈을 감았다가 뜨면 바로 아침을 맞이합니다. 그래서 밤은 짧게 느껴지는 것입니다. 이런 이유로 아침, 점심, 저녁은 길고 큰 느낌에 맞춰 in을 쓰고, 밤

Super Daddy's Tip!　또 하나의 시간, on

시간을 나타내는 전치사에는 on도 있습니다. on은 at, in처럼 '~에'라는 뜻을 가지고 있는데 at보다는 크고 in보다는 작은 느낌이에요. 그래서 on은 on Monday, on July 4th처럼 '요일', '일'에 사용합니다.

은 짧은 느낌에 맞춰 at을 쓰는 것입니다.

night 앞에는 'the'가 없습니다

in the morning, in the afternoon, in the evening에는 다 정관사 the가 붙어 있습니다. 그런데 왜 night에는 the가 붙지 않을까요? 그 이유는 '그것'이라고 가리킬 것이 없기 때문입니다.

우리는 아침과 점심, 저녁에 깨어서 활동을 합니다. 그래서 어떤 일을 했다는 기억이 있어요. 그렇지만 밤에는 잠을 잘뿐 아무것도 하지 않아요. '무엇을 했다'고 할만한 것이 없는 것이죠. 이러한 차이로 인해 아침, 점심, 저녁에는 the를 쓰지만 밤에는 the를 쓰지 않습니다.

Super Daddy's Tip!　정관사 the를 아시나요?

관사는 명사 앞에 붙이는 말이에요. a, an, the와 같은 단어들이죠. 이 중에서 the는 이미 정해져 있는 명사 앞에 써요. 'This is the book.'이라는 문장에서 the book은 아무 책이 아니라 너도 알고 나도 아는 바로 '그 책'을 가리킵니다.

그럼 in the night은 안 되는 걸까요?

원어민들이 즐겨 부르는 팝송에서 답을 한번 찾아보겠습니다. 소개해 드릴 팝송은 'Strangers In the Night'라는 곡입니다. 제목에서부터 in the night이 있네요.

Strangers in the night
낯선 사람들은 그 밤에

Exchanging glances
시선을 교환하면서

Wondering in the night
궁금해 합니다 그 밤에

What were the chances we'd be sharing love
우리가 사랑을 나눠 줄 기회가 무엇일까를

가사에서 strangers(낯선 사람들)는 밤에 잠을 자고 있지 않습니다. 사랑을 찾아 돌아다니고 있습니다. 결국 그들은 밤에도 무언가를 했어요. 그래서 밤이라도 at night이 아니라 in the night이라고 했습니다. 이렇게 영어의 곳곳에는 '이유'들이 숨어 있답니다.

PLUS! 더 알아보기

dawn(새벽)은 앞에 어떤 전치사를 쓰나요?

새벽도 누구나 깨어 있는 시간은 아니죠. 그래서 night처럼 at을 씁니다.

특별한 꿈을 꾼 밤은 in the night으로 써도 될까요?

그렇습니다. 특별한 일을 한 밤이기 때문에 가능합니다.

I dreamed of Avengers in the night.
나는 그 밤에 어벤져스 꿈을 꾸었다.

특별한 꿈을 밤새도록 꿨다는 것을 강조하고 싶다면 in the night으로 써도 됩니다. 그 문장을 본 사람은 'in the night'을 보고 그 밤이 얼마나 특별했는지 느낄 수 있답니다.

QUIZ 알맞는 전치사를 고르세요

1. My dad gets up early (at / on / in) the morning.
   우리 아빠는 아침에 일찍 일어나신다.

2. Kayla meets her friends (at / on / in) the afternoon.
   케일라는 오후에 친구들을 만납니다.

3. I saw you (at / on / in) the evening.
   나는 저녁에 너를 봤어.

4. Don't eat anything (at / on / in) night.
   밤에는 아무것도 먹지 마세요.

5. Do you have any plans (at / on / in) 6 o'clock?
   당신은 6시에 할 일이 있나요?

정답 in, in, in, at, at

02

왜 TV는 watch해야 할까요?
see TV는 안 되나요?

영어에서 '보다'라는 단어는 참 많습니다. 그중 see, watch, look at이 가장 자주 쓰이는 단어라고 할 수 있어요. 그런데 'TV를 보다'를 표현할 때 see TV, look at TV라고 쓰지 않아요. '영화를 보다'를 표현할 때는 watch movie, look at movie라고 쓰지 않고요. TV에는 watch, movie에는 see를 씁니다. 다 같은 '보다'인데 see, watch, look at은 어떤 차이가 있길래 이렇게 구분해 쓰는 걸까요?

TV와 movie를 보는 방법에는 비밀이 숨겨져 있다

watch와 see의 차이는 TV와 movie를 보는 방법에서 알 수 있습니다. TV를 볼 때는 내가 보고 싶은 프로그램을 보다가 재미가 없으면 내 맘대로 채널을 바꿀 수 있습니다. 내가 보고 싶은 것을 볼 수 있지요. 그런데 movie의 경우 영화관에서 다른 사람들과 함께 보니까 재미가 없어도 그냥 봐야 합니다. 내가 보고 싶지 않아도 봐야 될 수도 있지요.

이 차이가 바로 watch와 see의 차이입니다. watch는 내가 보려고 한 것을 볼 때 씁니다. see는 이와는 다르게 우연히 눈에 들어와서 보거나 혹은 어쩔 수 없이 봐야 할 때 쓴답니다.

watch와 see는	We **watched** whales jumping out of the water.	We **saw** whales jumping out of the water.
뜻은 같지만	***"우리는 고래들이 물 밖으로 솟아오르는 것을 보았다."***	
의미는 다릅니다	(**보려고 작정하고** 기다렸다가) 고래들이 솟아오르는 것을 봤다.	고래들이 솟아오르길래 보게 되었다. (**보이니까 봤다**)

'보는 사람'도 느낌이 다르다

watch와 see의 차이를 확실히 알게 해주는 단어들이 있습니다. 바로 watcher와 foreseer입니다. 두 단어 모두 watch와 see에 '~하는 사람'이라는 '-er'을 붙여서 만들었어요. 그런데 뜻은 완전히 다릅니다.

watcher는 '감시자', foreseer는 '예언자'예요. 감시자는 일부

watcher: 감시자

foreseer: 예언자

러 다른 사람의 행동을 관찰합니다. 일부러 무언가를 보려고 하는 watch의 뜻과 잘 어울리지요? foreseer는 눈을 감거나 꿈을 꾸면서 눈앞에 펼쳐지는 환상을 봅니다. 이것은 자기가 보고 싶은 것이 아니라 보이니까 보게 되는 것입니다. 그래서 예언자는 see와 어울리는 단어가 됩니다.

그럼 watch movie, see TV는 무조건 틀린 건가요?

1. We **watched The Avengers** last night.
   우리는 어젯밤에 영화 〈어벤져스〉를 봤어.
2. I **saw a TV** in the department store.
   나는 백화점에서 TV를 봤어.

1번 문장은 영화 이름 앞에 watch를 썼습니다. 2번 문장은 TV 앞에 see를 썼네요. 이렇게 썼다고 무조건 틀린 것은 아닙니다. 1번 문장처럼 원하는 영화를 TV나 컴퓨터로 볼 때 영화를 선택해 볼 수도, 안 볼 수도 있습니다. 그래서 watch movie라고 쓸 수 있습니다. 2번 문장에서 내가 본 TV는 백화점에 전시되어 있는 TV입니다. 백화점에서 여기저기 둘러보다 전시된 TV를 우연히 보게 된 것이니 watch보다 see가 더 어울리지요?

그럼 look at은 언제 쓰는 건가요?

look at은 look(보다)와 at(한 점)을 합친 말입니다. 그래서 look at은 '한 점을 자세히 본다'는 뜻이 됩니다.

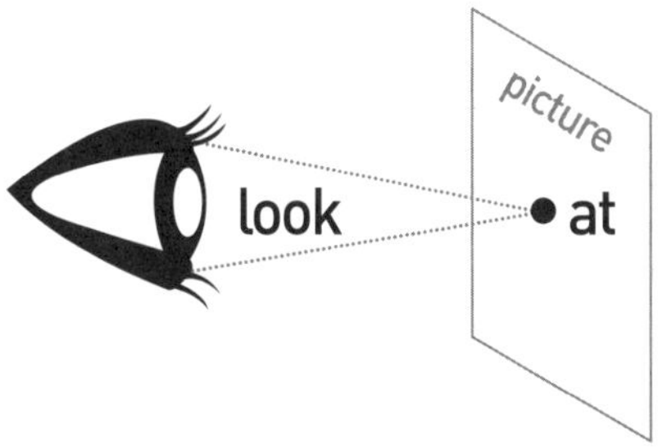

결국 look at도 watch처럼 '볼 마음이 있어서' 보는 것이지요. 그렇지만 look at은 watch보다는 일부러 본다는 의미가 강하지 않습니다. watch는 '주의 깊게 지켜본다'는 의미라면 look at은 '한번 관심을 가지고 본다' 정도의 느낌입니다.

PLUS! 더 알아보기

영화도 자신의 의지로 보러 가는 것이니까 watch 아닌가요?

맞습니다. 하지만 재미가 없어도 그대로 봐야 한다는 점까지 고려하면 영화관에서 보는 movie는 나의 의도대로 100퍼센트 볼 수는 없기 때문에 see를 주로 씁니다.

오페라나 뮤지컬은 watch인가요? see인가요?

오페라나 뮤지컬도 영화처럼 극장에서 보는 것입니다. 그렇다 보니 내 의도대로 보는 것을 바꿀 수 없지요. 그래서 주로 see를 씁니다.

watch는 왜 '일부러 보다'라는 의미를 갖게 되었나요?

watch는 원래 배에서 선원들이 '망을 보는 시간'이란 뜻이었습니다. 선원들은 정해진 시간 동안 적이 오는지 주위를 잘 살폈어야 했겠죠? 이런 의미에서 '일부러 본다'는 뜻이 생겨났다고 합니다.

손목시계를 watch라고 하는 것도 위와 같은 이유인가요?

맞습니다. watch가 '손목시계'라는 뜻이 있는 것도 '사람들이 일부러 보려고 할 때 언제든지 볼 수 있는 시계'이기 때문이랍니다. 집안이나 건물의 벽에 걸려 있는 시계는 clock이라고 합니다. 이런 시계들은 내가 시간을 보려고 할 때 어디서나 볼 수는 있는 시계는 아니니까 watch라고 하기 어렵겠지요?

watch는 왜 '움직이는 것을 본다'는 의미를 갖게 되었나요?

watch의 앞쪽에 있는 'wa-' 때문입니다. wa-에는 '움직이다'라는 뜻이 있어요. 끊임없이 흐르는 물(water)과 파도(wave), 멈추지 않고 부는 바람(wind)에 있는 wa-와 wi도 모두 '움직인다'를 뜻한답니다.

QUIZ 알맞은 단어를 고르세요

1. Do you like to (see / watch) music show on TV?
TV로 뮤직쇼 보는 걸 좋아하니?

2. David loves to (see / watch) falling leaves in autumn.
데이빗은 가을에 나뭇잎들이 떨어지는 모습을 보는 것을 아주 좋아한다.

3. We plan to (see / watch) a movie in a theater.
우리는 극장에서 영화를 볼 계획이다.

4. Please come to my house and (see / watch) the movie.
우리 집에 와서 영화 보세요.

5. (See / Look at) the birds flying in line.
줄지어 날아다니는 저 새들을 보세요.

정답 watch, see, see, watch, Look at

03

악기 이름 앞에는 the를 꼭 붙여야 하나요?

1. Kayla needs a pencil.
   케일라는 연필이 하나 필요하다.
2. Kayla needs the pencil.
   케일라는 그 연필이 필요하다.
3. My friend plays **the piano.**
   내 친구는 피아노를 연주한다.

우리는 명사 앞에는 관사 a나 an, the 중에 하나를 골라 씁니다. 부정 관사 a나 an은 어떤 연필이든 상관없을 때 한 개의 연필, 정관사 the는 정해 놓은 '그 연필'일 때 쓰지요. 그런데 '악기를 연주하다'라고 말할 때는 악기 이름 앞에 항상 the를 써야 합니다. 3번 문장의

the piano처럼 말이죠. 그 이유는 무엇일까요?

항상 앞에 the를 쓰는 명사들

먼저 악기처럼 앞에 항상 the만을 쓰는 명사들을 살펴보겠습니다. 대표적으로 두 가지 경우가 있습니다. 첫 번째는 '세상에 하나밖에 없는 특별한 것'입니다. 누가 태양에 대해 말한다 해도 태양은 우리가 모두 알고 있는 '그 태양'입니다. 세상에 하나밖에 없으니까요. 그래서 태양, 달, 지구 앞에 항상 the를 씁니다.

The earth goes around **the sun**.
지구는 태양 주위를 돈다.

두 번째 경우는 최상급입니다. 수학 문제도 난이도에 따라 기초편, 응용편, 최상급편으로 나뉩니다. 가장 어려운 것이 최상급이죠. 영어도 마찬가지로 '제일, 최고'라는 표현을 최상급이라고 합니다.

George is **the tallest** boy in my class.
조지는 우리 반에서 키가 가장 큰 소년이다.

앞의 문장에서 조지는 우리 반에서 가장 키가 큰 최상급 소년입니다. 키가 가장 큰 사람은 반에서 단 한 명입니다. 태양이나 지구처럼 이 반에서는 한 명밖에 없지요. 그래서 누구나 아는 사람이기 때문에 앞에 the를 꼭 씁니다.

Super Daddy's Tip! 옛날에도 인기 가요가 있었어요!

고대 영어를 쓰던 시대에도 가요가 있었어요. 바로 시인들이 신과 왕을 찬양하기 위해 지은 '시'였지요. 시인들은 시를 더 아름답게 들리게 하기 위해 악기를 함께 연주했습니다. 영국 최초의 인기 가수는 7세기 시인 캐드먼(Caedmon)입니다. 캐드먼은 하프를 튕기며 시를 읊었답니다.

악기는 세상에 단 하나가 아닌데요?

악기는 세상에 하나밖에 없는 것도 아닌데 왜 항상 앞에 the를 쓸까요? 그것은 악기 자체 때문이 아니라 옛날에 악기로 했던 일 때문입니다. 고대 사람들은 신을 찬양하기 위해 악기를 만들었습니다. 사람들은 이런 신을 찬양하는 도구인 악기를 소중히 다뤘답니다. 신은 하나밖에 없는 존재입니다. 그래서 악기도 신과 같다고 생각해 그 앞에 the를 붙였다는 이야기가 전해집니다. 성경책도 '신의 말씀'이라서 the bible이라고 하는 것을 생각해 보면 이해하기 쉽습니다.

PLUS! 더 알아보기

악기 앞에는 항상 the를 쓰나요?

악기를 연주하는 것이 아닐 때는 꼭 the를 쓰지 않아도 됩니다. 악기도 하나의 사물이니까요.

My grandma has a piano.

우리 할머니에게는 피아노가 한 대 있다.

play를 사용했는데도 악기 앞에 the가 없는 문장이 있어요!

He plays guitar in his band.
그는 자신의 밴드에서 기타를 연주한다.

guitar라고 쓴 이유는 여기서 기타는 '악기'가 아니라 '역할'이기 때문입니다. 이 문장에서 말하는 것은 '기타를 연주하는 것'이 아니라 '밴드에서 맡은 역할이 기타를 연주하는 것'입니다. 기타를 연주하는 역할은 눈에 보이지 않으니까 관사를 쓰지 않는 것이지요.

QUIZ 알맞은 정답을 고르세요

1. I heard someone playing (×/a/the) flute in the park.
   나는 공원에서 누군가 플루트를 연주하는 것을 들었다.
2. John watched (×/a/the) baseball with his friends.
   존은 친구들과 야구를 보았다.
3. (×/A/ The) moon was shining that night.
   달은 그 밤에 빛나고 있었다.
4. Jim is (×/a/the) fastest boy in my class.
   짐은 우리 반에서 가장 빠른 소년이다.
5. I love to play (×/a/the) cello.
   나는 첼로를 연주하는 것을 매우 좋아한다.

정답 the, ×, The, the, the

04

귀여운 강아지에게
he나 she라고 해도 돼요?

공원을 걷다 보면 귀여운 강아지들이 많이 보입니다. 그런 강아지들에게 귀엽다고 말하고 싶은데 좀 망설여집니다. 강아지를 it으로 말해야 할지 he나 she로 해야 할지 헷갈리기 때문입니다.

Look at the dog. **It / He / She** is cute.
저 개를 봐라. 그것은 / 그는 / 그녀는 귀엽다.

it이라고 말하면 강아지를 공, 책상, 자동차처럼 생명이 없는 대상으로 말하는 것 같아 미안합니다. 그런데 he나 she라고 말하려고 하면 그래도 동물인데 사람처럼 지칭하면 안 될 것 같다는 생각도 듭니다. 참 곤란하네요. 원어민들은 어떻게 이야기할까요?

모든 동물이 다 같지는 않다

1. **Paul** is a boy. **Paul** likes to play soccer. **Paul** is my friend.
2. **Paul** is a boy. **He** likes to play soccer. **He** is my friend.
   폴은 소년이다. 폴은(그는) 축구하기를 좋아한다. 폴은(그는) 내 친구다.

1번 문장처럼 같은 말(Paul)을 반복하면 말하기도 듣기도 불편합니다. 그래서 2번 문장처럼 Paul 대신에 he를 씁니다. he, she, it, I, you, they처럼 앞에 나온 사람, 사물의 이름을 대신해 짧게 쓰는 말을 대명사라고 합니다. he(그)나 she(그녀)는 사람에게 쓰는 말입니다. 강아지나 고양이는 사람이 아니니까 it을 쓰는 것이 맞아 보입니다. 실제로 약 50년 전만 해도 동물에는 거의 it을 썼습니다.

그렇지만 사람들의 생각이 달라졌습니다. 사람과 함께 사는 반려동물을 '사람처럼' 생각해야 한다고 말이죠. 특히 미국, 유럽 등은 우리보다 더 일찍 이런 생각을 했습니다. 이런 생각은 영어에도 그대로 반영되었습니다. 그것이 바로 반려동물에게 사람처럼 he나 she를 쓰게 된 이유입니다. 원어민들은 자신의 반려동물에게 누군가 'How old is it?'이라고 말하면 기분 나빠할 수 있어요.

모든 동물이 he나 she는 아닙니다

다음 대화문을 보면 둘 다 고양이지만 집에서 키우는 고양이에는 him, 길고양이(stray cat)에는 it을 썼습니다. he나 she를 동물에게 쓰는 것은 '친근함'의 표시이니 모든 동물에게 쓸 수는 없답니다.

A: Jane is raising a cat. She loves **him.**
제인은 고양이를 키우고 있어. 그녀는 그를 사랑하지.

B: Oh, I see. She feeds a stray cat, too. **It** comes to her every day.
그렇구나. 그녀는 길고양이에게도 먹이를 줘. 그것(길고양이)은 매일 그녀에게 온대.

미키마우스는 he일까? it일까?

우리가 좋아하는 디즈니 만화나 영화를 보면 제일 첫 부분에 미키마우스가 자주 등장합니다. 미키마우스에는 어떤 대명사를 쓸까요? 집에서 키우지 않으니 it이지 않을까요?

미키마우스에는 he를 주로 씁니다. 사람처럼 걷기도 하고 행동하는 친근한 동물 캐릭터이기 때문입니다. 놀이공원이나 야구장 등에서 보는 동물 캐릭터들 역시 he나 she를 쓴답니다. 그들은 사람처럼 두 발로 걷고 우리와 함께 놀기도 하니까요.

PLUS! **더 알아보기**

반려동물은 복수일 때도 야생동물과 다른 대명사를 쓰나요?

반려동물이건 야생동물이건 복수일 때는 모두 they를 씁니다. 사람도 '그들'이라고 할 때는 똑같이 they를 쓰지요. 평생 동물과 함께 살았던 제인 구달 교수님도 동물을 they로 썼습니다.

Chimpanzees, gorillas, orangutans have been living for hundreds of thousands of years in their forest.
침팬지와 고릴라, 오랑우탄은 수천 년 동안 밀림에서 살았다.
I would say that **they** have been in a way more successful than us as far as being in harmony with the environment.
나는 환경과 조화를 이루는 측면에서는 그들이 우리보다 더 성공적인 방식으로 살아왔다고 본다.

QUIZ **알맞은 정답을 고르세요**

1. Mom, I saw Mickey Mouse yesterday. (He / She / It) was dancing.
   엄마, 나 어제 미키마우스 봤어. 그가 춤을 추고 있었어.
2. Dad, there is a Mini Mouse. (He / She / It) is my favorite.
   아빠, 미니 마우스가 있어. 그녀는 내가 제일 좋아하는 거야.
3. Look at the puppy! (She / It) is so cute.
   강아지를 봐! 그녀는 너무 귀여워.
4. I like a lion.That's because (he / it) is strong.
   나는 사자를 좋아한다. 그것은 힘이 세기 때문이다.
5. My mom likes monkeys. She always smiles at (it / them / him) at the zoo.
   우리 엄마는 원숭이들을 좋아한다. 그녀는 동물원에서 항상 그들을 보고 웃는다.

정답 He, She, She, it, them

05

관사,
정말 꼭 써야 하나요?

관사에는 a, an, the밖에 없습니다. 그래서 품사 중에서 단어 수가 적은 품사지요. 게다가 뜻도 간단합니다. 하지만 문장에서 명사를 쓰려고 할 때마다 관사 때문에 고민이 많습니다. '관사를 쓸까 말까? 쓴다면 a를 쓸까 the를 쓸까? a 대신 an을 써야 하는 건 아닌가?' 이렇게 고민을 안겨주는 관사, 왜 꼭 써야 할까요?

관사의 놀라운 비밀

놀라지 마세요! 옛날 영어에는 관사가 없었습니다. 우리가 알고 있는 관사 a, an, the는 지금으로부터 800여 년 전인 1200년 이후

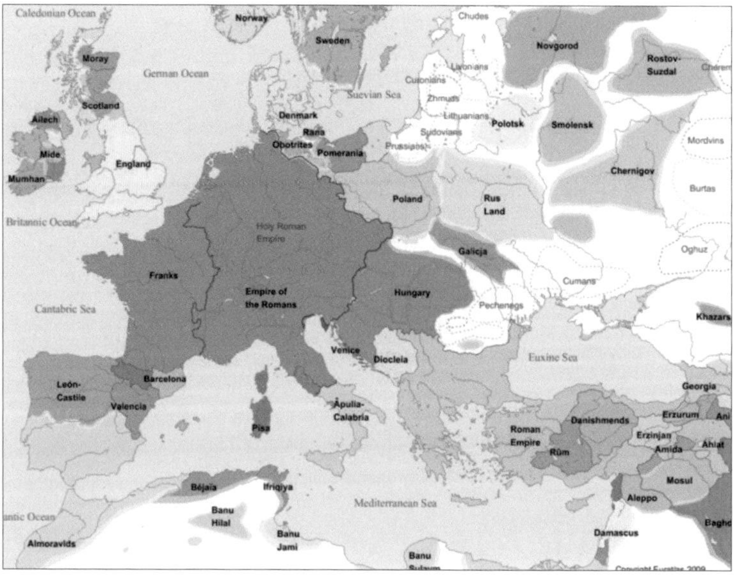

1100년 유럽 대륙지도 출처: euratlas.net

에 나온 단어들입니다. 옛날에는 명사 앞에 관사 대신 형용사를 썼습니다. 심지어 아무것도 없이 명사만 쓰는 경우도 있었습니다. 관사는 그때까지만 해도 그렇게 중요하지 않았죠. 관사를 적극적으로 사용하게 된 것은 1066년 프랑스가 영국을 침공한 이후입니다. 프랑스가 위치한 유럽 대륙에는 30~40개의 나라들이 있었습니다. 그러다 보니 이 나라들은 서로 많이 싸우기도 했지만 각자 자기 나라의 물건을 사고 파는 비즈니스 관계이기도 했습니다.

프랑스가 섬으로 홀로 떨어져 있던 영국을 침공하면서 유럽 대륙의 문화가 영국에 빠르게 전파되었습니다. 그러면서 영국도 유럽 대륙의 나라들과 활발하게 무역을 하게 되었습니다. 영국인들이 사용하는 영어에도 장사를 할 때 도움을 주는 말들이 필요하게 된 것이죠. 그런 말 중에 하나가 관사였습니다.

관사가 필요해진 첫 번째 이유는 물건을 사고팔 때 꼭 필요한 정보를 알려야 했기 때문입니다. 관사가 있으면 뒤에 나오는 명사는 눈에 보이는 '물건'입니다. 그래서 사람들은 관사가 있는지를 보고, 명사가 '진짜 사고 팔 수 있는 물건인지'를 알게 됐습니다.

1. I go to **bed.** 나는 잔다.
2. I bought **a bed.** 나는 침대 하나를 샀다.

1번 문장에서는 bed를 사고팔 수 없다는 것을 바로 알 수 있어요. bed 앞에 관사가 없기 때문이죠. 2번 문장에서는 부정 관사 a가 있어서 사고팔 수 있는 물건이라는 것을 바로 알 수 있습니다.

관사가 필요해진 두 번째 이유는 관사가 장사를 도와주기 때문입니다. 물건을 파는 사람들은 돈을 많이 벌기 위해 물건을 빨리 팔아야 합니다. 손님도 빨리 물건을 사는 것을 원하죠. 그러려면 서로 이미 알고 있는 내용은 빨리 넘어가야 합니다. 정관사 the가 바로 이런 역할을 하지요. 예를 들어 매일 우리 가게에서 사과를 사는 손님에게는 어떻게 설명하면 시간을 줄일 수 있을까요?

1번 방법: 이 사과는 스위스의 서늘한 기후에서 6개월간 정성들여 재배한 싱싱한 상품입니다.

2번 방법: 이 사과가 매일 사시는 그 사과입니다.

2번 방법처럼 말하면 빨리 물건을 사고팔 수 있겠지요? '셀 수 있는 물건'인지를 알려주는 부정 관사 a와 an, 이미 아는 내용은 생략할 수 있게 해주는 정관사 the. 이제 왜 원어민들이 이렇게 관사를 소중히 여기는지 아셨지요?

PLUS! **더 알아보기**

부정 관사는 a만 있으면 되지 않나요? an은 왜 필요해요?

발음 때문입니다. 'I like **an a**pple.'처럼 뒤에 나오는 명사의 발음이 모음(a, e, i, o, u)으로 시작하는 경우에는 a를 쓰면 발음이 부자연스러워요. a도 모음이라서 바로 뒤에 또 모음이 오면 발음하기 불편하거든요. a apple과 an apple을 각각 10번씩 발음해보면 an apple이 더 자연스럽다는 것을 알 수 있습니다.

복수 명사 앞에는 왜 부정 관사를 쓰지 않나요?

복수 명사는 앞에 부정 관사를 쓰지는 않지만 뒤에 '-s'를 써요. 이 -s를 보고 부정 관사처럼 '셀 수 있는 명사'라는 것을 알 수 있지요. 하지만 명사 앞에 무언가를 쓰는 습관은 어쩔 수 없나 봐요. 원어민들은 복수 명사 앞에는 some을 습관적으로 많이 씁니다.

I eat **some** apples in the morning.

나는 아침에 사과를 좀 먹는다.

QUIZ 알맞은 관사를 고르세요

1. I found (a / an) pencil in my desk.
   나는 책상에서 연필 한 자루를 발견했다.

2. Jake takes a walk at (a / an) park.
   제이크는 공원에서 산책을 한다.

3. Jerry listens to music for (a / an) hour.
   제리는 한 시간 동안 음악을 듣는다.

4. I have a house. My son likes (a / the) house.
   나는 집이 있다. 내 아들은 그 집을 좋아한다.

5. She will buy (a / the) ball.
   그녀는 공 한 개를 살 것이다.

정답 a, a, an, the, a

06

What do you do?

나 뭐하고 있냐고?

A: Nice to meet you. **What do you do**?
만나서 반갑습니다. 무엇을 하시나요?

B: (뭐 하냐고? 나는 지금 너를 만나잖아) I meet you now.
지금 당신을 만나고 있죠.

A: Um, what I asked was your job.
음, 제가 물어본 것은 당신의 직업이었습니다.

위의 대화는 실제로 있었던 일입니다. 'What(무엇을) do you(너는) do(한다)?'는 글자 그대로 해석하면 '너는 뭐하니?'가 됩니다. 이 말이 '직업'을 묻는 것이라는 것을 몰랐던 사람이라면 이 대화문처럼 '지금 하고 있는 행동'으로 대답할 겁니다. 그럼 'What do you do?'는 왜 '너의 직업은 뭐니?'로 해석해야 할까요?

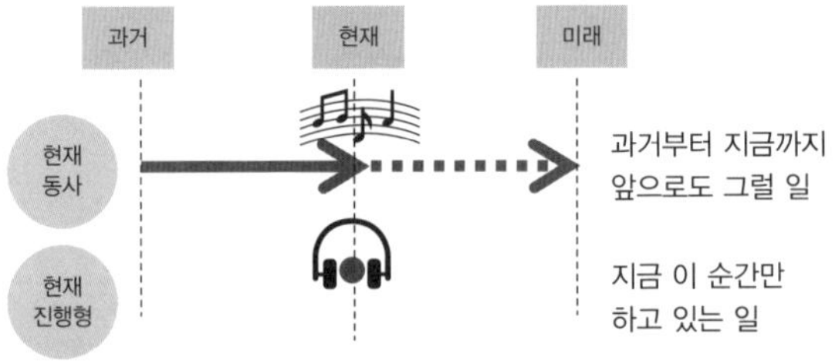

'하는 중'과 '하는'의 차이점

'너 지금 뭐하니?'라고 누가 묻는다면 우리말로는 '나는 음악을 듣는 중이야' 혹은 '나 음악 들어'라고 해도 둘 다 맞는 표현입니다. 그렇지만 영어로는 둘 중 하나만 맞습니다.

1. 나는 음악을 듣는 중이다. → **I am listening** to music.
2. 나는 음악을 듣는다. → **I listen** to music.

우리말을 영어로 바꾸면 이렇게 표현됩니다. 지금 하고 있는 일을 물어봤을 때 대한 대답은 1번 문장만 가능합니다. 'be -ing'라는 현재 진행형 형태만 '지금 하고 있는 일'을 표현하기 때문이죠. 그렇지만 2번 문장은 달라요. "I listen to music."은 평소에 습관처럼 음악을 듣는다는 말입니다. 현재 동사는 이와 같이 '사실'을 말합니다. 과거부터 지금까지 계속 해왔고 앞으로도 계속 할 것 같은 사실 말이죠.

현재 동사는 '사실'을 말합니다

'해는 동쪽에서 뜬다'는 모두가 인정하는 '사실'입니다. 사실을 표

Super Daddy's Tip!　'진행형'이란?

listening은 동사 listen에 '-ing'를 붙인 '현재 분사'입니다. 현재 분사는 지금 하고 있는 일이나 일어나고 있는 일을 표현합니다. 그래서 뜻도 '듣다'가 아닌 '듣는 중'입니다. 분사는 동사가 아니기 때문에 앞에 be 동사가 필요해요. 이렇게 be 동사와 분사를 합친 표현을 진행형이라고 한답니다.

현할 때 우리말은 현재 동사를 씁니다. 만약 '떴었다'를 사용하면 '예전에는 그랬는데 지금은 아닐 수 있다'는 느낌을 줍니다. 혹은 '뜰 거다'라고 하면 '지금은 그렇지만 나중에는 달라질 수 있다'는 말이 됩니다. 즉 사실을 표현하기에는 맞지 않습니다. 영어는 어떨까요?

The sun **rises** in the east. 해는 동쪽에서 뜬다.

rises는 현재형입니다. 이처럼 영어도 '사실'을 말할 때는 현재 동사로 표현합니다.

'What do you do?'에서 현재 동사 찾기

'What do you do?'에도 현재 동사가 있습니다. 바로 두 번째 do가 현재 동사입니다. do는 과거부터 계속 이뤄져서 '사실'이 된 일을 묻는 것입니다. 지금 이 순간 하고 있는 일이 아니지요. 그것은 바로 '직업'입니다. 이전부터 지금까지 생활을 위해 오늘도 하는(do) 일은 바로 직업이니까요. 즉 'What do you do?'가 직업을 묻는 표현이 된 것은 현재 동사가 '반복되어 사실이 된 일'을 나타내기 때문입니다.

PLUS! 더 알아보기

그럼 과거의 역사적 사실도 현재 동사로 표현해야 하나요?

아닙니다. 이미 지나간 사실이기 때문에 과거 동사로 표현하면 됩니다.

Columbus **discovered** North America.

콜럼버스는 북아메리카를 발견했다.

QUIZ '사실'이어서 현재 동사로 표현해야 하는 문장을 모두 고르세요

1. (직업) Rena is a nurse.
   레나는 간호사다.
2. (지금 일어나고 있는 일) It is raining now.
   지금 비가 오고 있다.
3. (역사적 사실) The Korean war occurred in 1950.
   한국 전쟁은 1950년에 일어났다.
4. (습관) My father cleans my house every weekend.
   아버지는 주말마다 집을 청소하신다.
5. (정해진 사실) A week has seven days.
   일주일은 7일이다.
6. (추측) Korea will be the best country in 2050.
   한국은 2050년에 최고의 국가가 될 것이다.

정답 1, 4, 5

07

hear과 listen to
둘 다 '듣다' 아닌가요?

Mom: Mattew, what are you doing?

매튜, 뭐하고 있니?

Mattew: Um, um……

음, 음……

Mom: ① Can you hear me?

너 내 말 들리니?

Mattew: Yes, I can. um, um……

네, 들려요. 음……, 음……

Mom: Oh, well. I believe you are playing computer games. So, ② you can hear me but you can't listen to me.

오, 알겠다. 내 생각에 너는 지금 게임하는 중이야. 그래서 너는 내 말이 들리기는 하지만 들을 수 없는 거지.

아들은 엄마의 말을 들었을까?

엄마는 아들 매튜에게 전화를 걸었습니다. 지금 아들은 컴퓨터 게임을 하느라 엄마가 전화로 하는 말에 집중하지 못하고 있어요. 엄마는 아들이 대답을 하지 않으니까 혹시 전화기가 이상해 소리가 안 들렸다고 생각했던 것 같습니다. 그래서 1번 문장처럼 '너 내 말 들리니?'라고 hear로 물어봅니다. hear는 '소리 자체가 귀에 들린다'는 의미입니다. 듣는 사람은 그냥 들리는 소리를 들을 뿐이지요.

이후 엄마는 아들이 컴퓨터 게임을 하는 것을 확신하면서 2번 문장처럼 말합니다. 'you can't listen to me.'의 속뜻은 '너는 내 말을 집중해 듣지 않는구나'입니다. listen to는 '무슨 말을 하는지 들으려고 일부러 집중해 듣는다'는 의미이기 때문이죠.

hear과 listen to의 차이를 좀 더 연습해 볼까요? 산에서 우연히 들려오는 새소리, 밖에서 노는 아이들의 웃음소리, 어디선가 들려오는 라디오 소리는 hear일까요, listen to일까요? 이 소리들은 우리가 들으려고 하지 않았는데 귀에 들리는 소리니까 hear를 씁니다. 음악회에서 듣는 피아노 소리, 수업 시간에 듣는 선생님 말씀은 일부러 듣기 위해 노력하기 때문에 이때는 listen to를 써야 한답니다.

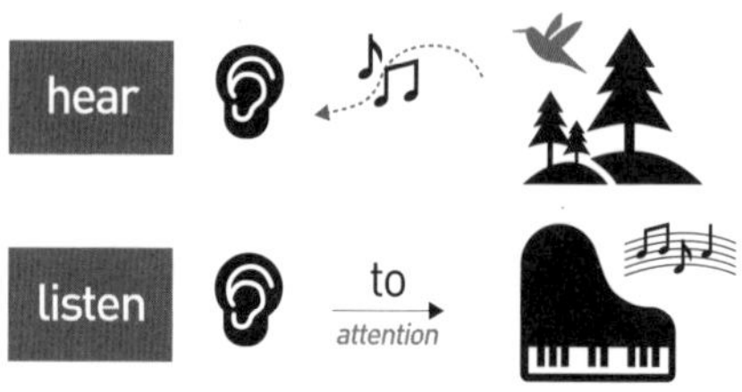

왜 listen to는 '일부러 듣는다'라는 말이 될까?

전치사 to는 '(어느) 쪽, 방향, 장소'를 뜻해요. listen to에 있는 전치사 to도 마찬가지로 '방향'의 의미입니다. 즉 아무 방향으로 가는 것이 아니라 내가 정한 방향으로 가는 것이라 할 수 있습니다.

우리는 어떤 소리를 일부러 들으려고 할 때 소리가 나는 방향으로 귀를 기울입니다. 그래서 사람들은 listen to라는 말을 들으면 '일부러 듣는다'는 느낌을 받게 되는 것이죠.

QUIZ 알맞은 단어를 고르세요

1. She (heard / listened to) someone yelling.
   그녀는 누군가 소리 지르는 것을 들었다.
2. I heard good song and I stopped to (hear / listen to) it.
   나는 좋은 노래를 들었다. 그리고 그 노래를 들으려고 멈췄다.
3. It's really important. You should (hear / listen to) what I am going to say.
   이것은 아주 중요합니다. 내가 말하려고 하는 것을 잘 들어야 해요.
4. I like (hearing / listening to) birds' songs.
   나는 새들의 노랫소리를 듣는 것이 좋다.
5. I woke up in the morning because I (heard / listened to) the sound of thunder.
   나는 천둥소리가 들려서 아침에 일어났다.

정답 heard, listen to, listen to, hearing, heard

08

'거기 누구 계신가요?'
Is somebody there? 아니면 Is anybody there?

우리가 편의점에 갔을 때 있어야 할 직원이 없다면 '거기 누구 계신가요?'라고 물어보게 됩니다. 이 말을 영어로 하면 'Is somebody there?'일까요? 아니면 'Is anybody there?'일까요?

나는 네가 돈을 가지고 있는 사실을 알고 있다

A: Do you have **some** money? 너 돈 좀 있니?
B: Do you have **any** money? 너 돈 좀 있니?

같은 질문이지만 A와 B는 서로 다른 생각을 하고 물어보고 있어요. A는 듣는 사람이 '돈이 있다'고 생각해 물어보는 것입니다. 대답도 당연히 '돈 있어'라고 하길 기대하고 있어요. 이런 의미가 되는 것은 some 때문입니다. some은 '몇몇의, 조금의'란 뜻입니다. 정확하게 몇 개인지는 모르지만 '있긴 있다'는 의미이죠.

이에 비해 B는 듣는 사람이 돈이 있는지 정말 몰라서 물어보는 것입니다. 왜냐하면 any가 '하나라도'라는 뜻이기 때문이에요.

Super Daddy's Tip! **any는 one에서 온 말입니다.**

$$\text{any} = \underset{}{\overset{\text{아무것이나 하나}}{\overline{\text{one}}}} + \text{y} = \text{하나라도}$$

그래서 B의 질문을 더 자세히 풀어 보면 "너는 돈이 하나라도(조금이라도) 있니?"라는 말이 됩니다. '하나라도 있냐'고 물어보는 것은 정말 있는지 없는지 모른다는 것이겠죠? 그래서 대답도 당연히 긍정일지 부정일지 모를 때 쓰는 말이 됩니다.

somebody와 anybody도 마찬가지

그렇다면 'Is somebody there?'는 언제 써야 할까요? somebody는 누군가 있다는 것을 알고 있을 때 쓰면 됩니다. 편의점 계산대에 사람은 없지만 안쪽에서 사람 소리가 들린다면 이 말을 써야겠지요? 그런데 편의점에 정말 사람이 없는 것 같아요. 그렇다면 'Is anybody there?'라고 말하면 됩니다. "한 명이라도 거기 있나요?(아무도 없나요?)"라고 하는 것이 자연스럽겠죠?

PLUS! 더 알아보기

some으로 물어보면 상대방에게 권하는 말이 됩니다.

Would you like **some** juice?
주스 좀 드실래요?

some은 '무언가 있다'고 생각해 긍정적인 답을 바랄 때 쓰는 말이라고 했습니다. 예문은 물어보는 말이지만 some이 있기 때문에 긍정적인 대답을 기대하는 것이 됩니다. 결국 몰라서 물어본 것이 아니라 '실제로 행동하길' 바라면서 물어본 거죠. 결국 속뜻은 '주스 좀 드세요'라고 권하는 느낌이 되는 것입니다.

QUIZ 알맞은 단어를 고르세요

1. (정말 몰라서) Do you have (some / any) candies?
2. (캔디가 있는 것을 알고 달라고 할 때)
   Do you have (some / any) candies?
3. (아무 주스나 괜찮은지) Would you like (some / any) juice?
4. (주스를 드시라고 제안할 때) Would you like (some / any) juice?
5. (집에 누가 있는 것 같을 때) Is (somebody / anybody) home?
6. (정말 6시에 집에 아무도 없는지 물어보려고)
   Is (somebody / anybody) home at 6?

정답 any, some, any, some, somebody, anybody

09

not은 왜 be 동사 뒤에만 있나요?

not은 do 동사(동작을 나타내는 동사)보다 앞에 위치합니다. 그런데 be 동사보다는 뒤에 나옵니다. 같은 동사인데 not의 위치는 왜 다른 걸까요?

be 동사: 뜻이 구체적이지 않지만 꼭 필요해요

1. **They run** every day. 그들은 매일 뛴다.
2. **He is** a boy. **He is** rich. 그는 소년이다. 그는 부유하다.

위의 1, 2번 문장을 주어와 동사까지만 해석하면 '그들은 뛴다'와

'그는 ~다'입니다. 1번 문장의 뜻은 알겠는데, 2번 문장은 무슨 뜻인지 알 수가 없습니다. 왜냐하면 do 동사(1번 문장)는 구체적인 뜻을 가지고 있지만 be 동사(2번 문장)는 구체적인 뜻이 없기 때문입니다. 그래서 be 동사는 2번 문장처럼 뒤에 형용사나 명사가 같이 있어야 뜻을 알 수 있습니다.

3. The flower beautiful. / There a rabbit in the woods.
4. The flower **is** beautiful. / There **is** a rabbit in the woods.

3번 문장처럼 '저 꽃은 아름다운', '그 숲 속에 토끼가'라고만 말하면 뭔가 어색하지 않나요? 4번 문장처럼 '저 꽃은 아름답다', '그 숲 속에 토끼가 있다'라는 문장이 더 자연스러워요. 이렇게 '~이다', '있다'라는 말이 꼭 필요합니다. 이처럼 구체적이지는 않지만 꼭 필요한 뜻을 가지고 있는 것이 be 동사입니다.

not: 진짜 뜻이 있는 단어를 꾸며요

He is a **kind boy**.
그는 친절한 소년이다.

영어에서 꾸미는 말은 꾸밈을 받는 말 앞에 와야 합니다. boy를 꾸미는 kind가 그 앞에 온 것처럼 말이죠. not도 다른 품사를 꾸미는 말이기 때문에 꾸밈을 받는 말 앞에 옵니다.

1. They do **not** have any money. 그들은 돈이 하나도 없다.
2. They are **not** rich. 그들은 부자가 아니다.

1번 문장에는 do 동사 have가 있습니다. have는 구체적인 뜻을 가진 동사니까 not이 그 앞에 와서 have를 꾸미네요. 그렇지만 2번 문장에 있는 be 동사는 구체적인 뜻이 없습니다. 그래서 not은 뜻을 가지고 있는 rich 앞에 와서 그것을 꾸미는 것입니다. 지금까지 not은 do 동사 앞에 오고 be 동사 뒤에 온다고 생각해 왔어요. 이제부터는 not은 '진짜 뜻을 가진 단어' 앞에 온다고 생각해 보세요!

QUIZ 알맞은 동사를 고르세요

1. Amy (isn't / doesn't) drink coke.
   에이미는 콜라를 마시지 않는다.
2. They (aren't / don't) angry.
   그들은 화가 나지는 않았다.
3. Robert (isn't / doesn't) surprised at anything.
   로버트는 어떤 것에도 놀라지 않는다.
4. You (aren't / don't) tell me a lie.
   너는 내게 거짓말을 하지 않아.
5. (Isn't / Doesn't) she use my pencils?
   그녀가 내 연필들을 사용하지 않죠?

정답 doesn't, aren't, isn't, don't, Doesn't

10

We play baseball, 스포츠 앞에는 왜 관사를 붙이지 않을까?

- **Allison**, hurry up! we are late.
  앨리슨, 서둘러! 우리 늦었어.
- Don't forget to have **breakfast**.
  아침 먹는 거 잊지 마.
- She goes to school by **bus**.
  그녀는 버스로 학교에 간다.
- I like to study **math** with Tina.
  나는 티나와 수학 공부하는 것을 좋아한다.
- Justin plays **soccer** every Monday.
  저스틴은 매주 월요일에 축구를 한다.

빨간색 글씨인 명사들의 공통점은 무엇일까요? 바로 '앞에 관사를 쓰지 않는 명사들'이라는 점입니다. 보통 관사를 쓰지 않는 명사들은 셀 수 없는 명사입니다(평화, 공기, 물 등). 이 명사들은 셀 수 있을 것 같은데 왜 관사를 붙이지 않을까요? 그 이유를 역사와 문화 속에서 함께 추리해 보겠습니다.

관사, 맘대로 붙이면 안 돼요!

- 사람 이름 (Tom, Allison, Jason)
- 식사 (breakfast, lunch, dinner)
- by 뒤에 쓰는 교통수단 (bus, taxi)
- 과목 (English, math, history)
- 스포츠 이름 (running, soccer, baseball)

관사를 쓰지 않는 명사들을 정리해 봤어요. 이 명사들은 왠지 친근하고 익숙하게 느껴지지 않나요? 그건 아마 우리가 매일 쓰는 명사들이기 때문일 것입니다. 너무 자주 쓰는 명사들은 간편하게 쓰기 위해 관사마저도 쓰지 않습니다. '사람의 이름'만 보더라도 그렇습니다. 세상에 한 명뿐이니까 이름 앞에 the를 붙여 the Allison, the Chris라고 할 수도 있겠지요. 하지만 이름을 부를 때마다 그렇게 해야 한다면 너무 불편할 것입니다.

스포츠도 '매일 하는 일'라고 할 수 있는 역사적인 이유

스포츠는 매일 하는 일로 생각할 수 있을까요? 모든 사람이 매일 운동을 하지는 않을 텐데요. 이 부분은 역사를 살펴보면 알 수 있습니다. 유럽은 많은 나라들이 한 대륙에 붙어 있었기 때문에 옛날부터 전쟁이 많았습니다. 그래서 사람들은 다른 나라와의 전쟁에서 가족과 재산을 지키기 위해 매일 열심히 운동을 했습니다. 그러던 어느 날 사람들은 누가 더 강한지 궁금해졌고 서로 경쟁하기 시작했습니다. 이렇게 경쟁하다 보니 운동은 하는 사람들에게나 보는 사람들에게 큰 즐거움을 주게 되었습니다. 이렇게 스포츠는 '매일 하는 운동'에서 시작됐습니다.

Super Daddy's Tip!　'sports'란 말은 어디서 온 걸까요?

sports에서 뒤의 '–port'는 '옮기다'는 의미입니다. 스포츠는 사람들의 피곤함을 즐거움으로 '옮겨주는 일'이란 뜻에서 나온 말입니다.

원어민들은 정말 매일 운동을 할까요?

다음 그림에 있는 미국 중학생들의 시간표를 봐도 스포츠는 빼놓을 수 없는 생활의 일부인 것을 알 수 있습니다. 미국에서는 아이들에게 공부보다 운동을 더 강조하는 것 같습니다. 어릴 때 체력을 길러 놓지 않으면 건강은 물론이고 열심히 공부할 수 있는 힘도 생기지 않는다고 생각하기 때문이죠. 그래서 아이들은 매일 친구들과 공원이나 운동장에서 뛰어 놉니다. 어른이 되어도 건강을 지키기

| 미국 중학생들의 일반적인 시간표(예시) |

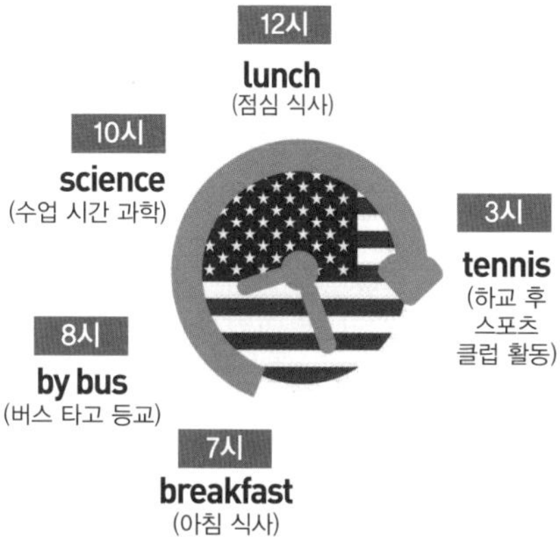

위해 gym(체육관)에서 매일 열심히 운동을 한답니다. 어릴 때부터 길러온 운동 습관이 어른이 되어서도 계속 이어지는 것이지요. 이렇게 문화적으로 매일 하는 일인 스포츠는 너무 자주 쓰이는 말이어서 관사를 붙이지 않습니다.

PLUS! 더 알아보기

관사 없이 쓰는 명사들을 쉽게 외우는 Tip!

관사 없는 명사는 매일 하는 일들입니다. '하루 일정'에 그 명사들을 넣어서 외우면 쉽게 외울 수 있습니다.

엄마는 **Chris**, wake up하고 나를 깨워요. (이름)

그리고 나는 have **breakfast**를 합니다. (식사)

go to school by **bus**를 한 후, (교통수단)

study **math**하고 나면 (과목), 오후에는 play **soccer**를 합니다. (운동)

셀 수 없어서 관사를 쓰지 않는 것도 있어요!

스포츠, 과목, 식사, 교통수단 앞에 관사를 쓰지 않는 이유를 '셀 수 없어서'라고 하는 의견도 있습니다. 축구는 '공을 차는 행동'입니다. 선수의 숫자, 경기 수는 셀 수 있지만 '행동'은 셀 수 없어요. 수학은 '숫자에 대한 지식'입니다. 수학책에 있는 숫자나 기호의 개수는 셀 수 있지만 '지식'은 셀 수가 없겠지요? 식사나 교통수단도 마찬가지예요. 반찬의 가짓수와 버스가 몇 대인지는 셀 수 있지만 '아침 식사를 하는 행동'이나 '버스를 타고 가는 행동'은 셀 수 없습니다. 이렇게 스포츠, 과목, 식사, 교통수단을 셀 수 없어서 관사를 쓰지 않는다는 설명도 참고해볼 만합니다.

QUIZ 다음 중 틀린 문장을 고르세요

1. I am late. I should go to school by taxi.
   나 늦었어. 택시 타고 학교에 가야겠어.
2. What time do you eat dinner?
   당신은 몇 시에 저녁을 먹나요?
3. My grandpa used to play boxing.
   우리 할아버지는 권투를 하시곤 했다.
4. Ted is interested in history.
   테드는 역사 과목에 관심이 있다.
5. She is hungry because she didn't have a breakfast.
   그녀는 아침을 안 먹어서 배가 고프다.

정답 5번 문장(breakfast 앞에 a를 생략해야 함)

11

미래의 어느 날은 one day? someday?

1. One day, a farmer lived in a town. (언젠가: 과거의 어느 날)
   언젠가 한 마을에 농부 한 명이 살았다.
2. He said, "I will be a king one day." (언젠가: 미래의 어느 날)
   그 사람은 "나는 언젠가 왕이 될 거야"라고 말했다.
3. No one believed what he said.
   아무도 그 사람의 말을 믿지 않았다.
4. But a wizard said, "The farmer can be a king someday."
   (언젠가: 미래의 어느 날)
   그렇지만 어떤 마법사는 "언젠가 그 농부가 왕이 될 수 있을거야"라고 말했다.

위 예문에서 '언젠가'가 세 번 나옵니다. 영어로는 one day와

someday로 표현했네요. 미래를 뜻하는 '언젠가'도 한 번은 one day(2번 문장), 한 번은 someday(4번 문장)로 쓴 것을 보니, 무언가 구별해서 사용하는 이유가 있는 것 같아요.

one은 some보다는 좀 더 확실해요

one day와 someday가 다른 이유는 one-과 some-에서 출발합니다. one과 some은 둘 다 확실하지는 않습니다. one은 아무것이나 '한 개'이고, some은 아무것이나 '여러 개'니까요. 그렇지만 one이 some보다는 더 확실하다고 할 수 있습니다. one은 어쨌든 '한 개'만을 가리키고 some은 '여러 개'를 가리키니까요. 듣는 사람 입장에서는 one이 some보다는 좀 더 확실하게 들립니다.

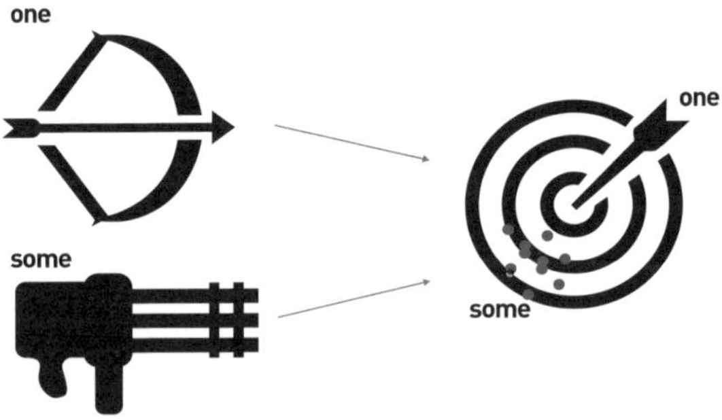

'과거의 어느 날'에는 one day만 쓰세요

- One day, Tom went to a park. (○) 어느 날 톰은 공원에 갔었다.

• Someday, Tom went to a park. (×) 어느 날 톰은 공원에 갔었다.

정확한 날짜와 시간은 불확실해도 Tom이 공원에 갔던 일은 이미 확실히 일어난 일입니다. 그래서 과거에 일어난 일은 one이 더 잘 어울리는 표현이 됩니다. 만약 과거의 어느 날을 someday로 표현한다면 너무 불확실한 느낌이어서 어색한 것이지요.

'미래의 어느 날'은 확실히 오는가

미래의 어느 날은 아직 오지 않았기 때문에 '불확실'합니다. 그래서 one day나 someday 모두 쓸 수 있지요. 그렇지만 여기서도 one은 some보다 좀 더 확실하다는 느낌이 있습니다.

The farmer: I will be a king **one day**.
The wizard: The farmer can be a king **someday**.

농부는 자기가 왕이 될 날이 '꼭 올 것이다'라는 뜻을 담아 one day라고 말했습니다. 이에 비해 마법사는 농부가 왕이 될 날이 '올 것 같다'는 뜻에서 someday라고 말했어요. '미래의 어느 날'을 one day로 표현하면 '확실치는 않지만 그렇게 만들겠다'는 강한 의지를 전달할 수 있어요. 이에 비해 someday는 '확실하지는 않지만 그럴 것 같다'는 자기 의견만을 표현하는 것이죠.

Justin: Our soccer team will play in the world cup **one day**.
우리 팀은 언젠가 월드컵에 출전할 거야.

Kayla: Our soccer team will play in the world cup **someday**.
우리 팀은 언젠가 월드컵에 출전할 거야.

저스틴과 케일라 중에 우리 팀이 월드컵에 나갈 것이라고 더 확신하는 사람은 누구일까요? 바로 저스틴입니다. one day와 someday의 차이 때문입니다.

PLUS! 더 알아보기

some day와 someday는 다른 건가요? oneday는 어떤가요?

some day와 someday는 약간의 의미 차이는 있지만 둘 다 쓸 수 있습니다. 하지만 oneday는 잘못된 단어입니다.

QUIZ 다음 중 틀린 문장을 고르세요

1. One day, you will be a great scientist.
언젠가 너는 훌륭한 과학자가 될 거야.

2. One day, there was a girl living in a farm.
언젠가, 한 소녀가 농장에 살고 있었다.

3. Someday, you can see the cars flying in the sky.
언젠가 당신은 하늘을 나는 차들을 볼 수 있을 것이다.

4. Someday, the dog got lost on his way home.
언젠가 그 개는 자기 집으로 가는 길을 잃어버렸다.

정답 4번 문장

12

Would you bring me water?

앞으로의 일인데 왜 과거형 would를 쓰나요?

'물 좀 가져다 줄래요?'는 영어로 'Will you bring me water?' 혹은 'Can you bring me water?'입니다. 물을 가져다주는 것은 앞으로 일어날 일이니까 will이나 can만 써야 할 것 같습니다. 그런데 좀 더 공손하게 말하고 싶을 때는 would나 could를 쓰라고 합니다. would나 could는 과거형인데 왜 앞으로 일어날 일에도 쓰는 걸까요?

Super Daddy's Tip!

will, can, may, should, would, could, must 등은 조동사입니다. 조동사는 동사를 돕는다는 뜻이에요. 동사는 확실한 사실만 표현할 수 있습니다. 조동사는 동사 앞에 와서 불확실한 미래나 과거 사실을 표현할 수 있게 해준답니다.

가능성이 낮을 땐 '과거형'

- I am sorry. I **couldn't** go there.
  미안해. 나 못 갈 것 같아.
- I think that new iphone **would** be more expensive.
  내 생각에 새로운 아이폰은 더 비싸질 거야.

could는 can의 과거형, would는 will의 과거형입니다. 그런데 위의 두 예문은 모두 앞으로의 일인데도 과거형을 썼습니다. 과거는 이미 일어났으니 바꿀 수가 없습니다. '바꿀 수가 없다'는 말은 '앞으로 일어날 가능성이 낮다'는 의미지요. 그래서 원어민들은 would, could, might와 같은 과거 표현이 앞으로의 일을 말할 때 쓰이면 will, can, may보다 가능성이 낮다고 느끼게 됩니다.

90년대 유명한 가수인 에릭 클랩튼(Eric Clapton)의 노래 'Tears In Heaven'의 가사를 예로 들어보겠습니다. 이 노래는 에릭 클랩튼이 갑작스러운 사고로 세상을 떠난 4살짜리 아들에게 말하는 내용입니다.

Would you know my name if I saw you in heaven?
네가 내 이름을 알까? 내가 천국에서 너를 만나면
Would it be the same, if I saw you in heaven?
우리 사이(상황)는 (예전과) 똑같을까? 내가 천국에서 너를 본다면

가사에서 에릭 클랩튼은 앞으로 천국에서 만날 아들을 상상합니

다. 아들에게 자기 이름을 묻는 것은 앞으로의 일입니다. 또한 일어나기 힘든 일이죠. 그래서 would를 썼습니다. 이 가사를 들은 사람들은 would라는 말을 듣자마자 '가능성이 낮다는 것'은 알지만 꼭 아들을 만나고 싶은 아버지의 슬픔을 더 깊게 느끼게 될 것입니다.

너, 확실히 올 수 있는 거야?

우리가 일상생활에서도 will과 would는 가능성을 기준으로 구분해 사용하면 우리의 정확한 의사를 전달할 수 있습니다. 예를 들

어 친구가 "Do you want to come to my party tonight?"이라고 물어봤습니다. 오늘 숙제가 없어 파티에 갈 것이 거의 확실하면 "Yes, I will."이라고 대답합니다. 그런데 가고는 싶지만 숙제가 있어 갈 수 있을지 확실하지 않다면 "Yes, I would."라고 대답해야 합니다. 그래야 친구는 초대한 사람이 못 올 수도 있다고 어느 정도는 생각하기 때문이지요.

QUIZ 다음 중 상황에 알맞은 단어를 고르세요

1. 공손하게 소금을 달라고 할 때: (Will /Would) you pass me salt?
2. 동생에게 편하게 도와달라고 할 때: (Will /Would) you help me?
3. 놀 수 있을지 확실하지 않을 때: I (will / would) play with you.
4. 전화를 건 손님에게 공손하게 말할 때: (Will /Would) you leave a message?
5. 엄마가 너를 혼낼 거라고 확신해서 말할 때: Mom (will / would) punish you.

정답 Would, Will, would, Would, will

13

Could you bring me water?는 왜 Can you bring me water?보다 공손한 표현인가요?

would, could와 같은 조동사 과거형은 '앞으로의 일'을 말할 때 사용할 수 있다고 앞에서 언급했습니다. 이렇게 하면 말하고자 하는 내용이 will, can으로 표현하는 것보다 '가능성이 낮다'는 의미를 표현할 수 있죠. 그런데 원어민들은 신기하게도 이 느낌의 차이를 이용해 공손함을 표현한답니다.

1. **Can** you bring me some water?
   저에게 물을 가져다주실 수 있어요?
2. **Could** you bring me some water?
   저에게 물을 가져다주실 수 있어요?

can과 could는 모두 '할 수 있다'라는 뜻입니다. 뜻은 같지만 can은 할 수 있는 가능성이 더 높아요. 그래서 1번 문장의 뜻은 "(제가 보니까 당신은 해 주실 가능성이 '높아' 보이네요) 저에게 물을 가져다주실 수 있어요?"가 됩니다. 이에 비해 과거형인 could는 '가능성이 적다'는 의미가 있어요. 그래서 2번 문장의 뜻은 "(당신은 바쁘시거나 힘들어서 해주실 가능성이 '낮아' 보이네요) 저에게 물을 가져다주실 수 있어요?"입니다. would나 could을 쓰면 가능성이 적은데도 부탁해서 미안한 마음을 나타내기 때문에 공손한 표현이 되는 것입니다.

그렇지만 항상 would를 쓰면 안 됩니다. 상황에 맞게 will도 써야 합니다. 예를 들어 어린 동생에게 "물 좀 가져다 줘"라고 할 때는 will이 어울립니다. "Would you bring~?"은 "동생님, 어려우시겠지만 물 좀 가져다주시겠어요?"라는 어색한 말이 됩니다. 그래서 편한 친구나 동생에게는 will이나 can을 쓰는 것이 알맞은 표현입니다. will이나 can도 무례한 표현이 아니랍니다.

PLUS! **더 알아보기**

공손하게 말하려고 may의 과거형 might를 썼습니다. 어떤가요?

좋은 시도입니다. 그렇지만 may만 쓰셔도 충분히 공손합니다. may는 '~일지도 모른다'라는 뜻으로 이미 '불확실한 느낌'을 담고 있기 때문입니다. might를 쓰면 오히려 좀 과한 느낌이 있답니다. 'Might I help you?'라는 말을 잘 들어보지 못한 이유, 이제 아셨죠?

QUIZ 상황에 알맞은 단어를 고르세요

1. 도와 달라고 공손하게 말할 때: (Can, Could) you pass me salt?

2. 도와 달라고 편하게 말할 때: (Can, Could) you help me?

3. 확신하며 대답할 때: I (can, could) arrive at the subway station by 8 o'clock.

4. 확신 없이 대답할 때: I (can, could) arrive at the subway station by 8 o'clock.

5. 도움을 주고자 할 때: (May, Might) I help you?

정답 Could, Can, can, could, May

14

왜 현재 동사는 가장 확실한 미래를 나타낼까요?

1. I **see** a doctor **tomorrow.**
   나는 내일 병원에 가. (의사 선생님을 보러 가)
2. I **would** see a doctor **tomorrow.**
   나는 내일 병원에 갈 거야.
3. I **will** see a doctor **tomorrow.**
   나는 내일 병원에 갈 거야.
4. I **am going to** see a doctor **tomorrow.**
   나는 내일 병원에 갈 거야.

위 문장 중 틀린 문장은 무엇일까요? 정답은 '없다'입니다. 깜짝 놀라셨나요? 1번 문장에서 현재 동사 see가 미래를 나타내는 tomorrow와 함께 나왔으니까 틀렸다고 생각하지는 않았나요? 그런데 이 문장 또한 맞는 문장입니다. 저는 중학교 때 이 사실을 알고 한동안 영어가 싫었습니다. '아, 영어는 자기 마음대로네. 한 문장 안에서는 시간을 맞추라고 했잖아!'라며 답답해했습니다. 다행히도 그 이유를 알고 영어와 다시 친해졌습니다. 그 이유를 알려드릴게요.

사실을 말할 때는 현재형

2, 3, 4번 문장의 우리말 해석은 '나는 내일 병원에 갈 거야'입니다. 우리가 평소에 많이 쓰는 말이죠. 그렇지만 우리는 1번 문장처럼 '나는 내일 병원에 가'라는 말도 씁니다. '내일(미래)'과 '간다(현재)'가 나타내는 시간이 다른데도 말이죠. 그 이유는 '내일 만나러 간다'에서 '간다'가 지금 하고 있는 행동이 아니라 '정해진 사실'을 말하기 때문입니다. 예를 들어 '태양은 동쪽에서 뜬다'는 문장은 지금 태양이 뜨고 있다는 말을 하는 것이 아니라 자연적인 '사실'을 말하는 것처럼 말이죠. 이처럼 이전에도 그랬고 지금도 그렇고 앞으로도 그럴 변하지 않을 '사실'을 말할 때는 동사의 현재형을 씁니다.

영어도 마찬가지입니다. 영어는 현재 동사로 사실을 표현합니다. 앞의 1번 문장에 'I see a doctor'는 내가 지금 의사 선생님을 보고 있다는 뜻이 아니에요. '병원에 간다는 사실'을 말하고 있습니다. 앞으로 일어날 미래의 일이라도 '확실'하다면 현재 동사로 쓸 수 있답니다. 다음 예문에서도 현재 동사가 미래를 나타내는 단어들과 같이 쓰이고 있어요.

- The exam is **next Tuesday**. 시험이 다음 주 화요일이야.
- My birthday is **next Month**. 내 생일은 다음 달이야.

현재 동사는 이렇게 확실한 사실을 표현합니다. 그래서 앞에 나온 조동사를 쓴 2, 3, 4번 문장보다 1번 문장이 앞으로의 일을 더 확실하게 표현하는 것이죠. 앞으로 가장 확실한 미래를 말할 때는 현재 동사로 힘주어 말하면 좋겠지요?

QUIZ **다음 중 틀린 문장을 고르고, 맞는 문장들은 가능성이 높은 순서대로 배열하세요**

1. I will play basketball tomorrow.

   나는 내일 농구를 할 것이다.

2. I am going to play basketball tomorrow.

   나는 내일 농구를 할 것이다.

3. I play basketball tomorrow.

   나는 내일 농구를 한다.

4. I would play basketball tomorrow.

   나는 내일 농구를 할 것이다.

5. I played basketball tomorrow.

   나는 내일 농구를 했다.

정답 5번 문장, 3 → 2 → 1 → 4

15

"지금 갈게"는 영어로 왜 "I will come."일까요?

Eric: Mom, where are you? I am hungry.
엄마, 어디에요? 나 배고파요.

Mom: I will come in 5 minute.
내가 5분 내로 올게(?).

'5분 내로 올게'라는 엄마의 말이 특이하네요. 엄마는 자기가 있는 곳에서 Eric이 있는 곳으로 움직이는 것이니까 '5분 내로 갈게'가 맞지 않을까요? 그런데 원어민들은 'I will go'가 아닌 'I will come'이라고 말합니다. 왜 원어민들은 우리와 다르게 말할까요?

go와 come의 세심한 배려

먼저 go와 come을 어떻게 쓰는지 알아보겠습니다. 우리말은 말하는 사람이 자기가 있는 곳으로부터 멀어지면 '간다'를, 가까워지면 '온다'을 씁니다. 말하는 사람의 시점만 생각하면 됩니다. 앞의 예문에서도 엄마는 '내가 5분 내로 갈게'라고 하는 것이 우리말에 맞는 내용입니다. 엄마가 집으로 가는 것은 지금 자기가 있는 곳에서 멀어지는 것이니까요.

하지만 영어는 말하는 사람과 듣는 사람의 위치를 함께 생각합니다. 말하는 사람과 듣는 사람 사이의 거리가 가까워지면 'come'을, 멀어지면 'go'를 씁니다. 앞의 예문에서 엄마는 come을 썼습니다. 그 이유는 자기가 집으로 가면 듣는 사람인 Eric과 거리가 가까워지기 때문입니다. 더 정확히 알기 위해 다른 예를 살펴볼까요?

Allison: I will **go** to Jane's house and study together. Will you come, Kayla?
나는 제인네 집에 가서 같이 공부할 거야. 너도 갈래, 케일라?

Kayla: OK. I will (**come**).
그래. 갈게.

앨리슨이 케일라에게 제인의 집에 갈 거라고 말합니다(1번). 그러면 케일라와 멀어지네요. 그래서 "I will go to Jane's house."라고 말했습니다. 케일라가 제인의 집에 오면 제인의 집에 있는 앨리슨과 가까워지네요. 그래서 앨리슨은 케일라에게 "Will you come,

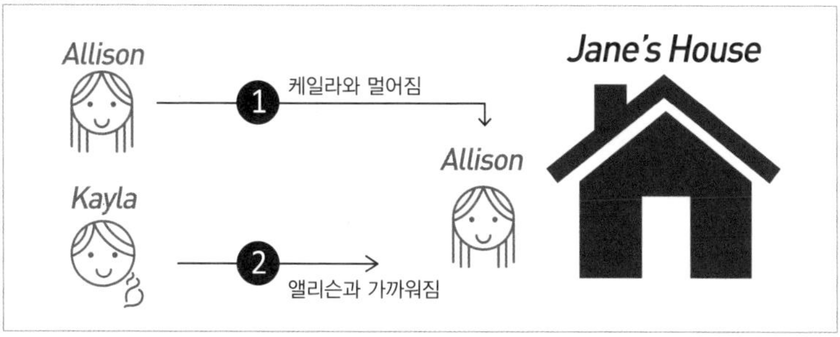

Kayla?"라고 말한 것입니다. 그러자 케일라도 가겠다고 하네요(2번). go가 아니라 come으로요. 케일라는 생각했을 것입니다. 제인의 집에 가면 앨리슨과 가까워지는 것이라고요.

왜 원어민은 이렇게 말하고 싶을까?

원어민들은 왜 말하는 사람과 듣는 사람을 둘 다 생각해 말할까요? 그 이유는 듣는 사람에게 일어날 상황을 조금 더 빠르게 알릴 수 있기 때문입니다.

듣는 사람 입장에서 보면 우리말은 말하는 사람이 어디로 가든

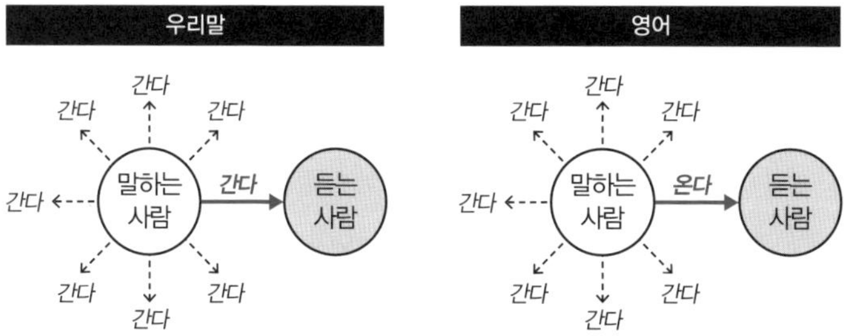

'간다'입니다. 하지만 영어에서는 듣는 사람에게 올 때는 'come(온다)'라고 말합니다. 영어처럼 말하면 듣는 사람은 come이라는 단어만 듣기만 해도 말하는 사람이 자신에게 온다는 말을 바로 알아들을 수 있습니다.

영어가 나와 다른 사람의 위치를 모두 생각해 말하는 이유는 영어 속에 담긴 문화에서 찾아볼 수 있습니다. 영어는 사고파는 문화가 발달한 유럽에서 만들어지고 쓰여 왔습니다. 물건을 파는 사람들은 손님에게 되도록 빠르게 물건을 팔아야 다른 사람들에게 또 물건을 팔아 돈을 많이 벌 수 있습니다. 그러려면 물건을 파는 사람은 살 사람의 입장에 맞춰 말하는 것이 좋습니다. 그러면 사는 사람은 빨리 알아듣고 바로 자기 생각을 말할 수 있으니까요.

PLUS! 더 알아보기

bring과 take도 헷갈려요

bring과 take는 물건을 '가져오다'와 '가져가다'입니다. 가져오고 가져갈 때 물건은 사람과 함께 움직이죠. 그래서 결국 사람이 움직이는 come과 go의 원리대로 생각하면 됩니다. 물건이 듣는 사람과 거리가 가까운 쪽으로 움직이면 bring을 씁니다. 반대로 물건이 듣는 사람과 거리가 멀어지는 방향으로 움직이면 take를 쓰세요.

1. 내가 아침에 등교하면서 집에 있는 엄마에게 하는 말

   Mom, I will **take** my book to school.

   엄마, 학교에 제 책 가져갈게요.

→ 책은 집에 있는 엄마에게서 멀어지니까 **take**를 씁니다.

2. 같은 학교 친구에게 전화해 하는 말

David, I will **bring** my book to school.

데이빗, 나 학교에 내 책 가져갈게.

→ 책은 데이빗이 있는 학교에 가까워지니까 **bring**을 씁니다.

'I will take you to the park.'에서는 왜 bring이 아니라 take를 쓰나요?

이 상황은 말하는 사람이 듣는 사람을 차에 태워서 데려다 주는 것입니다. 차를 타고 같이 가는 것이니 두 사람의 거리가 가까워지는 것이네요. 그럼 bring 아닐까요? 아닙니다. take가 맞습니다. 그 이유는 말하는 사람이 듣는 사람을 차에 태워 공원에 내려주고 어디론가 가기 때문이죠. 즉 거리가 멀어지는 것이 됩니다.

그럼 "I will bring you home."은 쓸 수 있을까요? 네 맞습니다. 같은 집에 사는 아빠가 아들에게 '내가 너를 집에 데리고 올 거야'라고 말할 수 있습니다. 아빠는 아들을 집에 데리고 와서 같은 집에 같이 있을 거니까요.

QUIZ 알맞은 단어를 고르세요

1. I will (go / come) to your house tonight.
   오늘 밤 너의 집에 갈게.

2. Do you want to (go / come) to the library tonight?
   오늘 밤 도서관에 갈래?

3. Could you (bring / take) the book?
   나에게 책을 가져다줄 수 있니?

4. Could you (bring / take) some water to your mom?
   엄마에게 물을 가져다주겠니?

5. I will go to church this Sunday. Will you (go / come), too?
   나 이번 주 일요일에 교회 갈 거야. 너도 올 거지?

정답 come, go, bring, take, come

16

조동사는 동사를
어떻게 도와주는 걸까요?

- I **can** get up early. 나는 일찍 일어날 수 있어. 〈조동사: 가능〉
- I **will** get up early. 나는 일찍 일어날 거야. 〈조동사: 의지〉
- I **may** get up early. 나는 일찍 일어날지도 몰라. 〈조동사: 추측〉
- I **must** get up early. 나는 일찍 일어나야만 해. 〈조동사: 의무〉

영어에서 조동사는 20개도 더 됩니다. 그리고 위에서 보듯이 종류도 다양합니다. 그런데 조동사에서 '조'는 '돕는다'는 뜻입니다. 결국 조동사는 '동사를 도와주는 품사'라고 하는데 과연 어떻게 도와준다는 말일까요?

동사는 왜 도움이 필요할까?

1. I **get** up early. 나는 일찍 일어난다.
2. I **got** up early. 나는 일찍 일어났다.
3. I **will get** up early. 나는 일찍 일어날 것이다.

영어에 조동사가 있다는 것은 동사가 도움이 필요하다는 말이 됩니다. 동사는 사실 조동사 없이는 '불확실한 사실'을 표현할 수 없어요. 1번 문장과 2번 문장처럼 동사는 확실한 사실만을 표현해요. 3번 문장처럼 실제로 일찍 일어나지 않은 일은 표현하려면 will 같은 조동사가 필요한 것이지요. 동사는 '불확실한 사실'을 표현할 때 조동사의 도움을 받습니다.

불확실한 미래와 과거

조동사가 있으면 '불확실한 사실'을 표현할 수 있다고 했습니다. 미래는 '불확실'하니까 조동사가 필요하다는 것이 이해가 됩니다. 그렇다면 과거는 어떨까요? 과거는 이미 지나간 일이어서 모두 '확실'하니 조동사가 필요 없지 않을까요?

Dinosaurs **would** disappear by a meteorite crash.
공룡들은 운석 충돌로 사라졌을 것이다.

이 문장은 과거에 살았던 공룡의 이야기입니다. 과거의 이야기지만 '공룡이 왜 사라졌는지'는 아직까지 확실히 밝혀지지 않았어요. 이렇게 과거 일들이 모두 확실한 사실은 아닙니다. 만약 조동사 없이 'Dinosaurs disappeared by a meteorite crash.'라고 썼다면 이 말을 들은 사람은 '공룡은 운석 충돌 때문에 사라졌다'고 확실하게 믿을 것입니다.

동사는 사실만을 말합니다. 그렇기 때문에 '과거라도 확실하지 않은 일'에는 조동사를 씁니다. 과거든 미래든 상관없이 '불확실한 사실'을 말할 때는 조동사가 필요한 것이지요.

PLUS! **더 알아보기**

used to는 과거에 일어난 '사실'을 말하는 것 아닌가요?

- I **went** hiking with Jerry.
  나는 제리와 하이킹을 갔다.
- I **used to go** hiking with Jerry.
  나는 제리와 하이킹을 가곤 했다.

맞습니다. used to는 다른 조동사와 다르게 과거의 '사실'을 이야기합니다. 그래서 다른 조동사처럼 동사가 '불확실한 사실'을 표현할 수 있도록 도와주지는 않습니다. 그렇지만 다른 방식으로 동사를 도와요. used to는 '예전에 여러 번 ~했다. 그리고 지금은 하지 않는다'는 독특한 뜻을 표현할 수 있게 도와줍니다.

QUIZ 다음 중 정답을 고르세요

1. 조동사는 '동사를 조정한다'는 뜻입니다. (○ / ×)
2. 동사는 도움이 필요합니다. (○ / ×)
3. 동사는 불확실한 것도 혼자서 표현할 수 있습니다. (○ / ×)
4. used to도 과거지만 '불확실한 사실'을 표현합니다. (○ / ×)
5. used to는 '예전에 해봤지만, 지금은 하지 않는다'는 특별한 뜻을 가지고 있습니다. (○ / ×)

정답 ×, ○, ×, ×, ○

17

왜 give는 to you고,
buy는 for you, ask는 또 of you인 거죠?

- James gives an apple **to** Janet.
  제임스는 자넷에게 사과를 한 개 준다.
- James buys an apple **for** Janet.
  제임스는 자넷에게 사과를 한 개 사준다.
- James asks a question **of** Janet.
  제임스는 자넷에게 질문을 하나 한다.

give, buy, pass같이 '주다'의 뜻을 가진 동사들을 들으면 '누구에게' 주는지 궁금해져요. 그래서 '~에게'라는 뜻을 가진 전치사들을 뒤에 씁니다. 그런데 같은 '~에게'라도 다른 전치사 to, for, of를 써요. 어떻게 구별해 쓰는 것일까요?

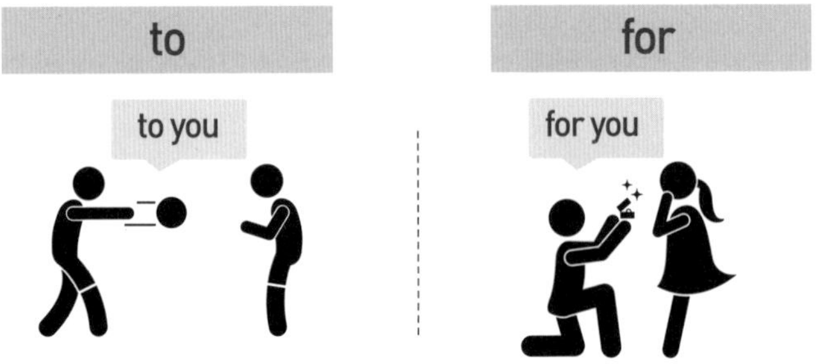

느낌대로 구별하기

전치사들의 느낌을 먼저 비교해 보겠습니다. 전치사 to는 가볍게 전달하는 느낌입니다. 이에 비해 전치사 for는 상대방을 위해 정성을 담아 주는 느낌이네요.

이번에는 '주다'라는 뜻을 가진 동사들을 두 가지로 묶어 보겠습니다. 전치사 to와 함께 쓰는 동사는 이미 가지고 있던 것을 가볍게 주는 느낌입니다. to와 비슷한 느낌이네요. for를 쓰는 동사들도 for와 느낌이 비슷해요. 원래 가지고 있지 않았던 것을 사거나(1번) 만들어주는(2번) 정성이 담긴 느낌이 있어요.

그렇다면 of는 어떨까요? of를 쓰는 동사는 ask, inquire, beg가

to 와 함께 쓰는 **동사**			***for*** 와 함께 쓰는 **동사**	①	②
• give	주다	VS.	• buy	사(서)	+ 주다
• pass	건네주다		• make	만들어	
• bring	가져다주다		• get	구해서	
• show	보여주다		• cook	요리해	

of

ask, inquire, beg

'~의' → '부분'

대표적입니다. 이 동사들은 누군가에게 궁금한 것을 질문을 하거나 무엇을 해줄 수 있는지 물어보는 동사들입니다. 무언가를 묻는 것은 상대방의 '생각, 의견'을 구하는 것이죠. 생각, 의견은 그 사람의 일부분이에요. 그래서 of가 가진 '부분'이라는 뜻과 물어보는 동사 ask, inquire, beg는 잘 어울리는 것이지요.

PLUS! 더 알아보기

선생님은 학생을 정성스럽게 가르치는데 왜 to인가요?

선생님들이 우리를 가르쳐 주시는 '정성'만으로 보면 for가 백 번 맞아 보입니다. 하지만, 선생님은 자기가 원래 가진 지식을 학생들에게 전달하니까 to가 어울립니다. 다른 이유도 있습니다. 선생님이 지식을 가르쳐주는 것도 teach지만 길을 가르쳐주는 것도 teach입니다. 이렇게 가볍게 teach하는 경우가 더 많아서 to를 쓴다고 보는 의견도 있습니다.

선생님이 가르치는 것과 길을 가르쳐주는 것은 둘 다 teach입니다.

동사 sing 뒤에 to도 쓰고 for도 쓰는 것을 보았습니다

- Dad used to sing **to** me at night.
  아빠는 밤에 나에게 노래를 불러주시곤 했다.
- My uncle sang **for** his girlfriend in her birthday party.
  우리 삼촌은 자기 여자친구 생일파티에서 그녀를 위해 노래를 불렀다.

자장가처럼 '이미 알고 있는 쉬운 노래'를 불러 줄 때는 sing to를 사용합니다. sing for는 '특별히 준비해 정성을 다해 부르는 노래'입니다.

알맞은 전치사를 고르세요

1. Jason passed his ball (to / for / of) his classmate.
   제이슨은 공을 반 친구에게 패스했다.
2. What will you make (to / for / of) your mom?
   엄마를 위해 무엇을 만들 거니?
3. They are building houses (to / for / of) foreign tourists.
   그들은 외국 관광객들을 위한 집들을 건설 중이다.
4. He inquired lots of questions (to / for / of) Tylor.
   그는 테일러에게 많은 질문을 했다.
5. The great singers are singing (to / for) the soldiers fighting for our country.
   위대한 가수들은 우리나라를 위해 싸우는 군인들을 위해 노래를 부르고 있다.

정답 to, for, for, of, for

18

It sounds well.은 틀린 말인가요?

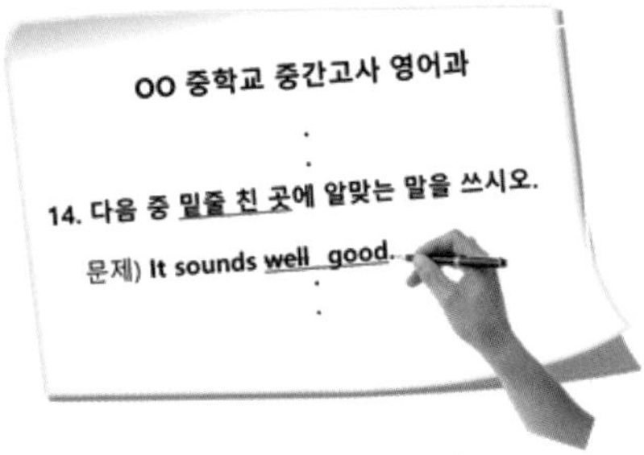

"It sounds good.은 맞고 It sounds well.은 틀리다."

이것은 학교 시험에서 꼭 나오는 문제입니다. '소리가 좋다'니까 'it sounds good.'이 맞다는 것은 이해가 갑니다. 하지만 sound는 동사인데 부사인 well을 쓰면 안 되는 걸까요?

감각적으로 표현하고 싶어요

This radio is really good. 이 라디오는 참 좋아.

이 말은 라디오의 생김새가 좋다는 걸까요? 아니면 소리가 좋다는 말일까요? 이처럼 be 동사 is를 쓰면 어떤 점이 좋은지 알기 힘들어요. 그래서 모양이 좋으면 'The radio looks good.' 소리가 좋으면 'The radio sounds good.'이라고 표현합니다. 이렇게 감각(냄새, 맛, 소리, 모습, 느낌)을 더 자세하게 표현하기 위해 '감각 동사'를 씁니다. 이때 감각 동사도 주어의 '상태'를 나타내기 때문에 뒤에 형용사를 씁니다. 문법책에 따라 감각 동사는 '오감 동사' 또는 '2형식 동사'라고 합니다.

Be 동사 → "더 자세하게" 표현 → **감각 동사**

저것은 이상하다.
That is strange.

이상해 보인다.	That looks strange.
이상한 냄새가 난다.	That smells strange.
이상한 맛이다.	That tastes strange.
이상한 느낌이다.	That feels strange.
이상한 소리가 난다.	That sounds strange.

sound 뒤에는 well도 쓸 수 있습니다

'The radio sounds good.'은 라디오에서 '좋은' 소리가 난다는 뜻입니다. 그럼 'The radio sounds well.'은 틀린 문장일까요?

'The radio sounds well.'은 라디오는 소리가 '잘' 난다는 뜻입니

다. 동사 뒤에 형용사를 쓰면 '상태가 어떤지를', 부사를 쓰면 '동작이 어떤지를' 표현하게 됩니다.

형용사로 수식

상태 표현 The voice **sounded good**.
그 목소리는 **좋게** 들렸다.

부사로 수식

동작 표현 The voice **sounded well** even at the shopping mall.
그 목소리는 쇼핑몰에서조차 **잘** 들렸다.

PLUS! 더 알아보기

다른 감각 동사들도 형용사와 부사로 꾸밀 수 있나요?

맞습니다. 감각 동사들은 그 단어 모양이 바뀌지 않고 상태와 동작을 모두 표현해요. 동작을 표현할 때는 '지각 동사'라고 구분합니다.

	감각 동사(상태)	지각 동사(동작)
look	○ ~해 보이다	○ 보다 (at)
smell	○ 냄새 나다	○ 냄새 맡다
taste	○ 맛이 나다	○ 맛을 보다
feel	○ 느낌이 나다	○ 느끼다
sound	○ ~하게 들리다	✖

감각 동사

David **smells** bad.

*David은 안 좋은 냄새가 **난다**.*
→ 주어가 냄새가 난다.

지각 동사

David **smells** something bad.

*David은 안 좋은 냄새를 **맡았다**.*
→ 주어가 냄새가 나는 것은 ×.

smell을 예로 들면 감각 동사일 때는 내가 냄새를 나게 하는 겁니다. 지각동사는 내가 다른 사람의 냄새를 맡는 거지요. 이 동사들은 상태와 동작을 모두 표현해요. 그래서 상태일 때는 형용사, 동작일 때는 부사와 함께 쓰인답니다.

QUIZ 알맞은 단어를 고르세요

1. The actress looks (beautiful / beautifully).
   그 여배우는 아름다워 보인다.
2. The actress sings (beautiful / beautifully).
   그 여배우는 노래를 아름답게 부른다.
3. Dogs smells (good / well).
   개들은 냄새를 잘 맡는다.
4. I feel (good / well).
   나는 기분이 좋아.
5. That pizza smells (good / well).
   저 피자는 냄새가 좋다.

정답 beautiful, beautifully, well, good, good

19

똑같이 탈 것인데 버스는 on the bus, 택시는 in the car, 왜 다른 건가요?

- Esther gets **on** a bicycle.
- Esther gets **in** a taxi.
- Esther gets **on** a bus.
- Esther gets **in** a helicopter.
- Esther gets **on** a passenger airplane.
  에스더는 자전거에 / 택시에 / 버스에 / 헬리콥터에 / 여객기에 탄다.

우리말은 탈것 뒤에 '~에'라고 같은 말을 붙입니다(택시에, 기차에, 자전거에, 비행기에 등). 그런데 영어는 탈것 앞에 on도 쓰고 in도 씁니다. 탈것 앞에 쓰는 전치사는 어떻게 다르게 쓰는 걸까요?

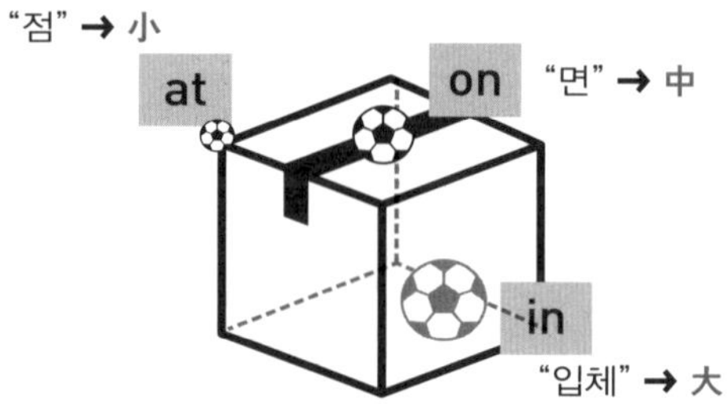

on과 in을 보면 떠오르는 그림

원어민들은 '보이는 것을 그대로 표현'하는 것을 좋아합니다. 이때 사용하기 좋은 품사가 전치사입니다. 바로 전치사를 들으면 그림이 떠오르니까요. on은 한쪽 '면'에 붙어 있는 그림이 그려집니다.

여기서 잠시 사람들이 버스에 타는 모습을 떠올려 볼까요? 우리는 버스를 탈 때 발판을 하나하나 밟고 올라갑니다. 정확하게 말하면 발판 위에 발을 대고 올라가는 것이지요. 이렇게 '면에 발을 접촉하는' 모습은 면에 붙는 느낌을 주는 전치사 on과 어울립니다. 말이나 자전거도 마찬가지로 발판을 밟고 타니까 on을 씁니다.

on을 쓰는 탈것: train, ship, passenger plane, skateboard, bicycle, bike, horse

그렇다면 in은 어떤 그림이 그려지나요? 주위가 벽으로 막혀 있는 '안'이 그려집니다. 우리는 택시를 탈 때 몸을 구부려 차 안으로 몸을 집어넣습니다. 발판을 디디고 걸어 들어가는 버스와는 많이 다른 모습이네요. 그래서 taxi는 '안으로' 넣는 모습이 있기 때문에

in을 씁니다. in을 쓰는 탈것들도 이와 비슷한 느낌을 갖습니다.

in을 쓰는 탈것: taxi, helicopter, rocket, fighter plane

내릴 때는 탈 때의 반대

get on으로 탄 bus, train, bicycle은 '내린다'는 표현을 영어로 어떻게 할까요? '타다'의 반대말이 '내리다'니까 on의 반대말인 off를 쓰면 됩니다. get in으로 탄 taxi에서 내리다는 표현은요? in의 반대말인 out of을 씁니다.

- He **gets on** the bus, and I **get off** the bus.
- He **gets in** the taxi, and I **get out of** the taxi.

Super Daddy's Tip!

on은 '위에'가 아니라 '면에 붙어 있다'입니다. 그래서 반대말은 under(아래)가 아니라 '면에서 떨어지다'인 off입니다.

PLUS! 더 알아보기

왜 소파는 'on' a sofa인데, 팔걸이 의자는 'in' an armchair일까요?

- My dad sits **on a sofa to** watch TV.
  우리 아빠는 소파에 앉아서 TV를 시청하신다.
- My grandpa likes sitting **in an armchair.**
  우리 할아버지는 팔걸이 의자에 앉는 것을 좋아하신다.

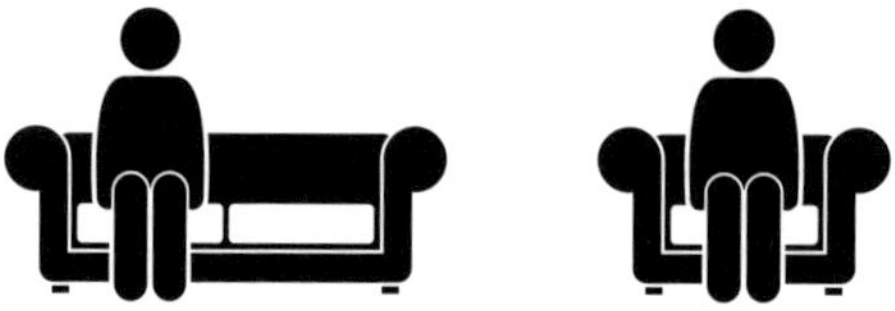

armchair는 팔걸이가 있는 1인용 의자입니다. sofa는 팔걸이가 양쪽 끝에만 있는 큰 의자입니다. 그래서 우리는 armchair나 sofa는 크기만 다르다고 생각합니다. 그런데 원어민의 생각은 달라요. sofa는 '면 위에 앉아 있고', armchair는 '속에 앉아 있다'고 봅니다. 원어민들이 생각하는 '위(on)'와 '속(in)'은 벽의 개수와 관련이 있어요.

벽이 2개가 있으면 '뚫려 있다'고 생각하고 벽이 3개보다 많으면 '막혀 있다'고 봅니다. 뚫려 있는 곳에 있으면 '위(on)'에 있는 것이고 막혀 있는 곳에 있으면 '안(in)'이라고 생각한답니다. 사람 한 명이 앉

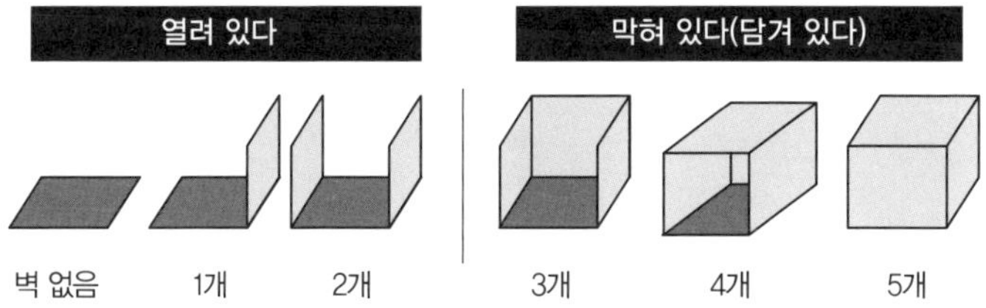

아 있는 모습을 보면 sofa는 등받이와 팔걸이 하나, 이렇게 벽이 2개인 공간입니다. '열려 있는 공간'이니 'on a sofa'입니다. 이와 다르게 armchair는 등받이 하나와 양쪽 팔걸이까지 벽이 3개 있는 공간입니다. '닫혀 있는 공간'이니 'in an armchair'입니다.

QUIZ 알맞은 전치사를 고르세요

1. Please get (on / in / at) the bus immediately.
   즉시 버스에 타 주세요.

2. I slept (on / in / at) a taxi.
   나는 택시에서 잠을 잤다.

3. He got (on / in / at) a subway at Seoul station.
   그는 서울역에서 지하철을 탔다.

4. My dad got (off / out of) our car to go to the restroom.
   우리 아빠는 화장실에 가려고 차에서 내렸다.

5. Did you see Charley get (off / out of) his bicycle?
   너는 찰리가 자전거에서 내리는 것을 봤니?

정답 on, in, on, out of, off

20

주어가 3인칭 단수면 동사 뒤에 왜 꼭 '-s'를 붙이는 거죠?

1. I **talk** to mom.
   나는 엄마에게 말한다.
2. He **talks** to his mom.
   그는 자신의 엄마에게 말한다.

1번 문장처럼 주어가 I, you, we, they면 동사 뒤에 아무것도 붙이지 않고 그대로 사용합니다. 그런데 2번 문장처럼 주어가 he, she, it, Tom, Mary일 때는 동사 뒤에 '-s'를 붙여야 해요. 그러면 왜 주어가 3인칭 단수일 때만 동사 뒤에 이렇게 어미를 붙이는 걸까요?

Super Daddy's Tip!

인칭은 말하는 사람이 다른 사람을 가리킬 때 쓰는 말이에요. 말하는 사람이 자신(I)을 가리킬 때는 1인칭, 상대방(you)을 가리킬 때는 2인칭이라고 합니다. 말하는 사람이 여기에는 없는 다른 사람(he, she, it, Tom)을 3인칭이라고 하지요. 특히 그 사람이 한 명이라면 단수라고 합니다.

어미는 단어 뒤에 덧붙이는 말이에요. 예를 들어 kindly에서는 뒤쪽의 '-ly'가 바로 어미입니다. -ly는 '친절한(kind)'에 붙어 '친절하게(kindly)'로 만들어 주지요. 영어에는 -ly, -able, -ed와 같은 어미들이 많답니다.

독일어와 영어는 뗄 수 없는 관계

영어는 독일어에서 나왔습니다. 그래서 옛날 영어는 특히 독일어와 비슷하게 생겼답니다. 독일어는 동사 끝에 -e, -st, -t, -en같은 어미를 붙입니다. 옛날 영어도 그랬지요.

독일어		옛날 영어(중세)
Ich spiel**e** Fußball.	=	I play**e**.
Du spiel**st** Fußball.		You play**est**.
Er spiel**st** Fußball.		He play**eth**.
Sie spiel**en** Fußball.		They play**e(n)**.

※ 빨간색 글씨: 어미 변화

옛날 영어는 독일어처럼 주어에 맞춰서 동사의 어미를 바꿔 주었답니다. 매번 말할 때마다 주어에 맞춰서 각각 다른 어미를 쓰는 것은 정말 어려운 일이겠지요? 다행히도 우리가 쓰는 영어에서는

I, you, they에 붙였던 어미들은 다 없어졌습니다. I play, you play, they play처럼 동사의 원래 모습을 쓰고 있으니까요. 오직 주어가 3인칭 단수일 때만 어미를 붙이면 됩니다.

어미가 대부분 사라진 이유

영국은 역사적으로 여러 나라와 전쟁을 했습니다. 유럽 북부에서 온 바이킹, 프랑스가 대표적인 나라들이지요. 이들은 영국과의 전쟁에서 승리하면서 영국 땅에 들어와 함께 살게 되었습니다. 그런데 영어와 새로운 민족이 사용하는 언어들이 달랐어요. 그것을 모두 맞추기 어려우니 차라리 단순하게 사용하게 되었습니다.

영어의 어미도 그랬습니다. 대부분 사라지고 꼭 필요한 어미만 남게 된 것이지요. 이런 영국의 역사를 생각해 보면 '왜 3인칭 단수에만 -s를 붙일까? 귀찮아'라고 생각하는 것보다 '나머지는 다 없어지고 3인칭 단수일 때 붙이는 어미만 남았네. 감사하다'라고 생각하는 것이 맞겠네요.

3인칭 단수의 어미는 왜 꼭 필요했나?

영어는 상인들의 언어예요. 그래서 서로 빨리 알아들을 수 있게 말하는 것을 좋아해요. 영어 문장을 빨리 알아들으려면 주어와 동사를 찾는 것이 중요합니다. 주어와 동사만 찾아도 무슨 말을 하는지 어느 정도 이해할 수 있으니까요. 동사를 찾으면 주어도 바로 찾을 수 있어요. 주어는 보통 앞에 있기 때문이죠. 그래서 동사를 빨리 찾게 하기 위해 어미 -s를 붙입니다.

1. You work very hard. 당신은 열심히 일한다.
2. This work very well. 이것은 아주 잘 작동한다.
3. This work seem hard. 이 일은 어려워 보인다.
4. This works very well. / This work seems hard.

I, you, we 같은 주어는 동사에 어미를 붙일 필요가 없어요. 동사가 없어도 주어를 쉽게 찾을 수 있거든요(1번 문장). 주어가 될 수 있는 단어가 I, you, we밖에 없으니까요. 동사에 어미를 붙이지 않아도 주어를 쉽게 알아볼 수 있어요.

그렇지만 주어가 3인칭 단수라면 얘기가 다릅니다. 주어가 될 수 있는 단어들이 너무 많습니다. he, she, it 외에도 car, computer, this, that 등 셀 수 없이 많아요. 이런 주어들 중에는 2번, 3번 문장에 나온 this 같은 주어도 있어요. 주어인지 아닌지 확실하게 알 수 없는 단어들 말이죠. 2번 문장에서는 this가 주어지만 3번 문장에서는 this work가 주어예요. 이럴 때 4번 문장처럼 동사에 어미 -s를 붙여 눈에 잘 띄게 표시해 준다면 어떨까요? 동사도 주어도 빠르고 확실하게 찾을 수 있겠지요?

PLUS! 더 알아보기

3인칭 복수 주어는 동사에 왜 -s를 붙이지 않나요?

Their computers work very well.
그들의 컴퓨터들은 잘 작동한다.

3인칭 복수 주어는 단어 자체에 -s가 붙습니다. computers처럼요. 굳이 동사에 어미 -s를 붙이지 않아도 주어를 쉽게 구분할 수 있습니다.

QUIZ 다음 중 틀린 문장을 찾고, 틀린 부분을 수정하세요

1. Thomas like to go camping.
   토마스는 캠핑 가는 것을 좋아한다.
2. We need to drink water three times a day.
   우리는 매일 세 번씩 물을 마셔야 한다.
3. She can rides a bike by herself.
   그녀는 혼자 자전거를 탈 수 있다.
4. Jason heard strange sound out of his window.
   제이슨은 창문 밖에서 이상한 소리를 들었다.
5. This work seem easy to me.
   이 일은 나에게 쉬워 보인다.

정답 1번(likes), 3번(ride), 5번(seems)

21

don't have to는 왜 '하면 안 된다'가 아니라 '~할 필요 없다'일까?

- Students **should not** chat in class.
  학생들은 수업 중에 잡담하면 안 된다.
- If you are full, you **don't have to** eat more.
  배부르면 더 먹을 필요 없어.

다른 사람에게 무언가를 하라고 말할 때 쓰는 '의무'를 나타내는 조동사는 should, had better, have to, must 등이 있어요. 이 조동사들과 함께 not을 쓰면 대부분 '~하면 안 된다'라는 뜻이 됩니다. 그런데 have to는 not을 쓰면 '~하면 안 된다'가 아니라 '~할 필요 없다'라는 뜻이 됩니다. 왜 don't have to만 다른 걸까요?

to의 진정한 모습을 살펴라

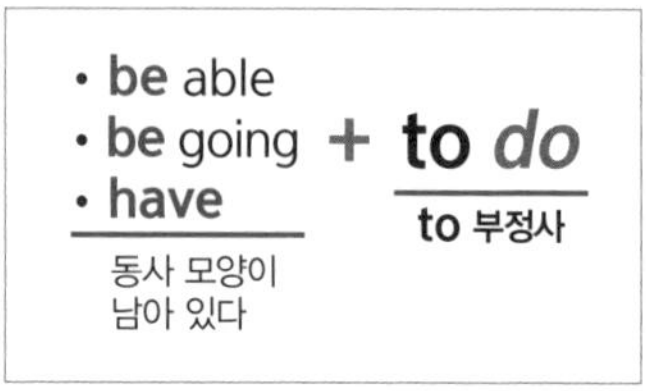

조동사 have to에서 to는 전치사가 아니라 'to 부정사'의 to입니다. to 부정사는 동사 앞에 to를 붙여서, 문장에 이미 동사가 있는데 또 동사를 써야 할 때 구분하기 위해 사용합니다. 그래서 조동사 중에서 동사의 모양을 여전히 가지고 있는 조동사들도 뒤에 to 부정사를 씁니다.

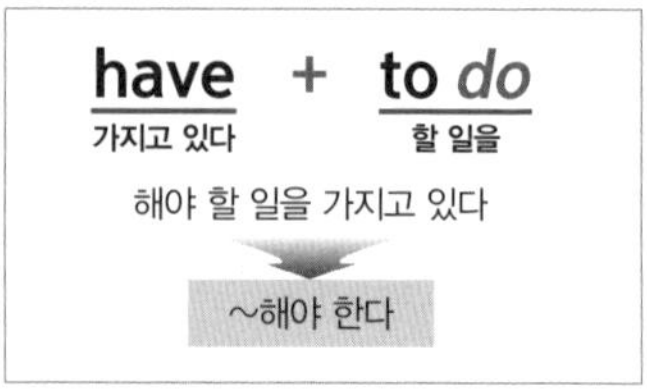

이렇게 have to를 have와 to 부정사로 나누어 보면 쉽게 이해할 수 있어요. '할 일을 가지고 있다'니까 '~해야 한다'가 되는 것이지요.

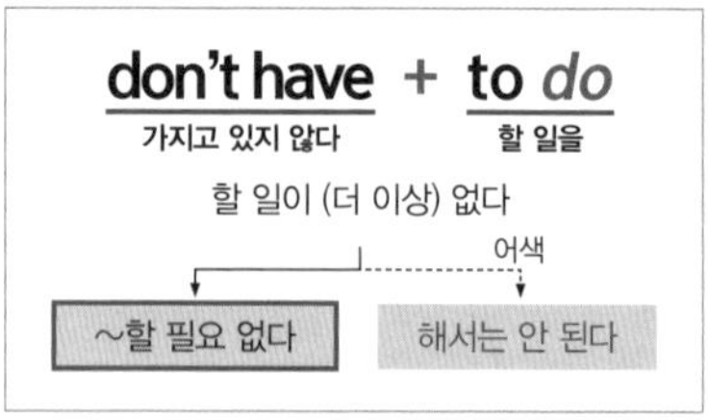

그렇다면 not을 함께 쓴 don't have to도 이렇게 나누어서 생각해 보면 어떻게 될까요? have의 '가지고 있다'는 뜻 때문에 '하면 안 된다'가 아니라 '할 필요가 없다'가 되는 것입니다.

재미있는 변화

have to는 '~해야 한다'는 뜻으로 should보다는 강하고 must보다는 약한 표현입니다. 그렇지만 not을 붙인 don't have to는 should not보다도 약한 표현이 됩니다.

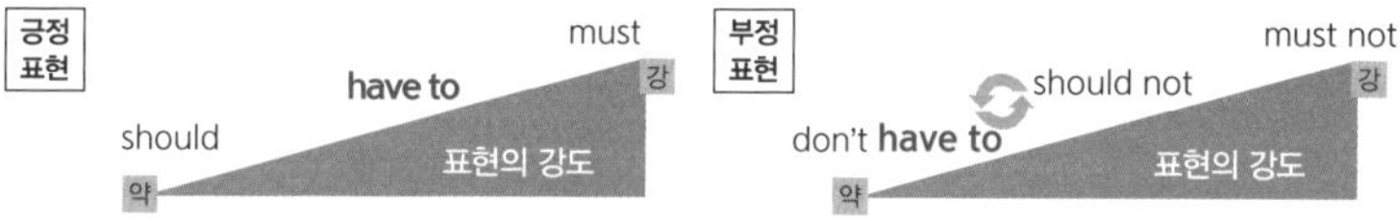

don't have to는 '할 필요가 없다'라는 뜻으로 듣는 사람이 해도 되고 안해도 된다는 말이 됩니다. 듣는 사람은 자기가 선택할 수 있다고 생각하게 되는 것이죠. 하지만 should not은 그냥 '안 하는 게 좋겠다'는 뜻이 되어 듣는 사람은 하지 않았으면 좋겠다는 표현이 됩니다.

결국 듣는 사람은 말하는 사람이 should not이라고 하면 더 '하면 안 된다'고 느끼게 됩니다. 상대방에게 '하지 않았으면 한다'는 말을 부드럽게 표현하고 싶다면 don't have to를 사용하세요.

PLUS! 더 알아보기

don't have to가 강하게 '하지 말라'는 의미가 될 수 있어요

가끔 엄마가 "그럴 거면 학원 갈 필요 없어!"라고 할 때가 있지 않나요? 이럴 때 듣는 '~할 필요 없어'란 말은 "그럴 거면 학원 가지 마"라는 말보다 오히려 무섭게 들리기도 합니다. 아무리 don't have to가 약한 표현이라고 하지만 말하는 상황에 따라서는 오히려 더 강한 느낌일 수가 있답니다.

QUIZ 밑줄 친 곳을 바르게 고치세요

1. You have not to come today if you don't feel good.
   컨디션이 안 좋으면 오늘 올 필요 없어.
2. He have to help his mom work.
   그는 자기 엄마의 일을 도와야 한다.
3. She has to wait for her turn in the game yesterday.
   그녀는 어제 게임에서 자기 차례를 기다려야 했다.
4. Have you to buy some presents for your family?
   당신은 가족을 위해 선물을 사야 하나요?
5. He don't have to say sorry to me.
   그는 나에게 미안하다고 할 필요 없다.

정답 don't have to, has to, had to, Do you have to, doesn't have to

22

be going to는 will과 같은 말 맞죠?

제인(Jane)은 생일파티를 열 생각에 기분이 아주 좋습니다. 그런데 친구가 몇 명이 올지 궁금했어요. 사람 수에 맞춰서 케이크와 음료수를 준비해야 하니까요. 그래서 자넷(Janet)과 케니(Kenny)에게 파티에 올지를 물어 봤습니다.

Jane: Can you come to my birthday party today?
너 오늘 내 생일파티에 올 수 있니?

Janet: **I will** attend your birthday party, Jane.
제인, 나는 너의 파티에 참석할 거야.

Kenny: **I am going to** attend your birthday party, Jane.
제인, 나는 너의 파티에 참석할 거야.

자넷과 케니 중에서 파티에 올 가능성이 더 높은 사람은 누굴까요?

의지를 전달하는 will

혹시 요구르트 이름 중에 '윌'을 아시나요? 이 요구르트를 만든 회사는 '사람들의 위와 장을 건강하게 만들겠다'는 의지를 보여주기 위해 윌이라고 이름을 지었다고 합니다.

will은 '~할 것이다'의 뜻으로 사람의 '의지'를 나타내는 표현입니다. 그런데 will보다 더 강한 의지를 나타내는 것이 be going to입니다. 그래서 위에서 말한 질문의 정답은 Kenny입니다. 'am going to'(am은 be 동사이기 때문에 앞으로 be going to라고 명칭)가 will보다 강한 표현인 이유는 going 때문입니다.

going은 '간다'라는 뜻입니다. 사람이라면 어디론가 가는 것이고 일이라면 이미 시작해 계속 진행되고 있다는 의미겠죠? "I am going to come."이라는 말을 들은 사람은 상대방이 '이미 오는 중이구나. 그럼 꼭 오겠지'라고 생각할 것입니다. 이에 비해 will은 '갈 것'이라는 말하는 사람의 '생각'만 전달합니다. 아직 행동은 시작하지 않은 것이죠. 비록 큰 차이는 아니지만 듣는 사람은 be going to라고 말한 사람이 올 가능성이 더 높다고 생각하게 됩니다.

PLUS! 더 알아보기

would와 will은 어떤 차이가 있나요?

I **would** attend your birthday party, Jane.
제인, 네 생일파티에 참석하기는 할 거야.

would는 will의 과거형입니다. 과거는 이미 지나간 것이니까 무언가 이루어질 가능성이 적습니다. 그래서 과거형 would를 '앞으로 할 일을 말할 때' 쓰면 will보다 가능성이 적은 느낌을 주게 됩니다. 예문처럼 would라고 말하면 '나 가긴 갈 거야' 정도의 느낌이라서 will의 '나 (꼭) 갈 거야'라는 뜻과는 분명한 차이가 있어요. '얼마나 확실한지'에 따라서 would < will < be going to를 구분해 써보세요.

QUIZ 밑줄 친 곳을 바르게 고치세요

1. She will plays with her friends.
   그녀는 친구들과 놀 것이다.
2. I am going see Jack here.
   난 여기서 잭을 만날 거야.
3. He wills not cry any more.
   그는 더 이상 울지 않을 것이다.
4. Is they going to show their dance to us tomorrow?
   그들은 내일 우리에게 그들의 춤을 보여줄 건가요?
5. Will he tells me something?
   그가 내게 뭔가 얘기할까요?

정답 will play, am going to see, will not cry, Are they going to show, Will he tell

23

can과 be able to는 같은 말 아닌가요?

Tylor: Jenny, who can help me move this table?
제니, 누가 이 탁자 옮기는 거 도와줄 수 있을까?

Jenny: Robert **can** do it. Also, Mike **is able to** do it.
로버트가 할 수 있지. 또, 마이크도 할 수 있어.

Tylor: Is that so? Then I would like to tell Mike.
아 그래? 그러면 마이크에게 얘기해야겠다.

제니의 말을 듣고 타일러는 로버트가 아닌 마이크에게 도와달라고 하기로 합니다. 둘 다 탁자를 옮길 수 있는데 왜 테일러는 마이크를 선택했을까요? 그 이유는 can보다 be able to가 더 확실하게 '할 수 있다'는 뜻이기 때문입니다.

사전을 찾아보면 can과 be able to는 모두 '~할 수 있다'는 뜻의 조동사인데 이런 차이가 있는 이유는 무엇일까요?

'할 수 있다'와 '능숙하다'

can과 able의 느낌을 비교해 볼까요? can은 옛날 영어인 'cunnan(알다)'라는 동사에서 나왔습니다. 그래서 "Robert can do it."은 '로버트는 (어떻게 하는지 아니까) 할 수 있다'는 의미가 됩니다.

이에 비해 able은 라틴어 'hold(손에 쥐고 있다)'에서 나온 말이에요. 손에 쥐고 다룰 정도니까 '아주 능숙하다'라는 뜻으로 쓰이면서 결국 '능력이 있다'라는 말이 되었습니다. 그래서 able은 '할 수 있다'는 정도가 아니라 '능숙하게 다룰 수 있다'라는 의미가 있어요. 그래서 "Mike is able to do it."은 마이크가 그냥 아는 정도가 아니라 잘 할 수 있다고 말하는 셈이 됩니다.

PLUS! 더 알아보기

could도 would처럼 가장 약한 표현입니다.

앞서 be going to편에서 조동사의 강도는 would < will < be going to라고 했습니다. 가능을 나타내는 조동사의 강도도 could < can < be able to의 순입니다. could는 can의 과거형입니다. 이미 지나간 것인데 앞으로 할 일에 대해 말하면 그것이 이루어질 가능성이 적은 느낌을 주겠죠?

QUIZ 다음 중 해석에 맞게 바꿔야 할 문장을 고르세요

1. He can run fast.
   그는 빨리 뛸 수 있다.

2. I am able to study English by myself.
   나는 영어를 혼자 공부할 수 있다.

3. Larry can not find his key.
   래리는 자신의 열쇠를 찾을 수 없다.

4. I can solve the problem.
   나는 그 문제를 능숙하게 해결할 수 있다.

5. Can you stay here for a while?
   잠시 여기 있어 줄 수 있어?

정답 4번 문장(I am able to solve the problem.)

24

조동사는 왜 이렇게 모양이 다양할까?

조동사가 can, will, may처럼 한 단어로 된 것만 있으면 사용하기 얼마나 좋을까요? 그런데 be going to, had better, have to와 같이 모양이 다양합니다. 더 놀라운 것은 조동사는 앞으로도 더 많이 생길 수 있다는 점이에요. 그 이유는 조동사가 동사에서 나왔기 때문입니다.

know에서 나온 'can'

조동사 have to나 used to는 그 안에 동사가 보입니다. 그래서 '조동사는 동사에서 나왔다'는 말이 쉽게 이해되지요. 그렇지만 can, will, should와 같이 동사가 전혀 보이지 않는 조동사는 동사에서

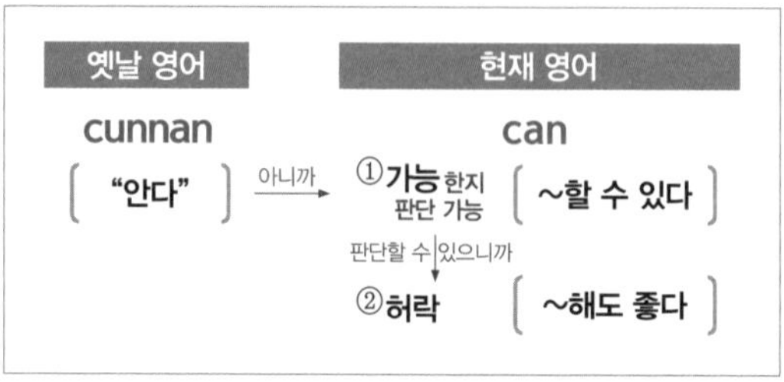

왔다는 것이 잘 믿기지 않을 것입니다. can을 예로 들어보겠습니다. can은 옛날 영어인 cunnan에서 온 단어입니다. cunnan의 뜻은 '안다'였습니다. 결국 '안다'가 can의 뜻인 '~할 수 있다', '~해도 좋다'가 된 것입니다. 뜻이 이렇게 바뀌게 된 이유는 무언가를 아는 사람은 '그것을 할 수 있을지' 판단할 수 있기 때문입니다. 또한 판단할 수 있으니까 '해도 좋다'고 허락할 수도 있습니다.

- I **can** help you with your homework.
  나는 너의 숙제를 도와줄 수 있어.
- You **can** eat my candy.
  너는 내 사탕을 먹어도 돼.

동사는 왜 굳이 조동사가 되는 걸까요?

- I **go play** soccer at the playground.
  나는 운동장에 축구를 하러 가.
- You **need buy** new glasses.
  너는 안경을 살 필요가 있어.

앞 예문들은 틀린 문장처럼 보입니다. go play, need buy처럼 한 문장에서 동사 2개가 나왔기 때문이죠. 하지만 틀린 문장이 아닙니다. 이 문장에서 go와 need는 조동사입니다. 뒤에 동사가 play와 buy처럼 원형의 모습으로 쓰여서 조동사임을 알 수 있습니다.

go와 need가 처음부터 조동사로 쓰였던 것은 아닙니다. 그런데 우리가 일상생활에서 '~하러 가', '~할 필요가 있어'라는 말을 많이 쓰잖아요? 그러다 보니 go와 need는 다른 동사와 어울려서 쓰이는 경우가 많아졌습니다. '놀러 간다', '사러 간다', '쉴 필요가 있어', '갈 필요가 있어'처럼 말이죠. 이렇게 말을 하다 보니 편하게 쓰기 위해 조동사처럼 뒤에 아무것도 없이 다른 동사와 함께 쓰게 된 것입니다.

더 많은 동사가 조동사로 진화하고 있다?

다양한 조동사들을 모양별로 묶어 보면 조동사들이 그 안에서 점점 변해가고 있는 모습을 볼 수 있어요. 조동사 안에 동사의 모양이 있는지, 조동사 뒤에 동사 원형이 오는지로 구분해 보겠습니다.

[조동사의 진화]

동사 ➡	have to *go* used to *go* be able to *go* be going to *go*	have better *go* would rather *go* need *go* dare *go*	can *go* will *go* shall *go*	➡ **조동사**
	• 동사 모양이 남아 있다. • 뒤에 to 부정사가 온다.	• 동사 모양이 남아 있다. • 뒤에 동사 원형이 온다.	• 동사 모양이 없다. • 뒤에 동사 원형이 온다.	

이렇게 나눠 보니까 왼쪽에서 오른쪽으로 갈수록 동사들은 점점 더 완전한 조동사가 되어가는 모습이 보입니다. 앞으로도 더 많은 동사들이 조동사가 되어 갈 것 같아요. 영어는 언어이기 때문에 사람들이 쓰기 편한 방향으로 변해 가고 있으니까요.

PLUS! **더 알아보기**

조동사에 have나 be 동사가 여러 가지로 많이 쓰이는 이유

have to, be going to, be able to 등 have와 be 동사는 조동사에 많이 포함되어 있어요. 그 이유는 이 동사들이 평소에 많이 쓰이기 때문이죠. 또한 뜻이 강하지 않다는 것도 have와 be 동사가 여러 가지로 많이 쓰이는 이유입니다.

QUIZ **다음 중 맞는 말을 고르세요**

1. 조동사는 원래 동사에서 나왔다.
2. 동사가 조동사로 변하는 이유는 나라에서 일 년에 한 번씩 동사를 조동사로 바꾸기 때문이다.
3. 조동사가 된 동사들은 생활 속에서 자주 쓰였다.
4. 이제 더 이상 동사가 조동사가 되는 일은 없을 것이다.
5. have와 be 동사가 조동사에 많이 포함되어 있는 이유는 '뜻이 강하기' 때문이다.

정답 1번, 3번

쉬어가는 TIME!

역사에서 보이는 영어의 이유

한글은 세종대왕님이 만드신 이후 다른 언어의 영향을 크게 받지 않았어요. 일제 강점기 때 한글을 없애려는 일본의 시도가 있었지만 다행히 큰 영향은 없었지요. 하지만 영어는 영국을 지배한 여러 나라들 때문에 많이 변화했어요. 그래서 영어의 원리와 이유는 대부분 영국의 역사에 담겨 있습니다. 그럼 영어를 배우려면 영국의 역사를 다 알아야 할까요? 그렇지 않습니다. 우리는 영어 공부에 필요한 네 가지 역사만 들여다보면 됩니다.

영어 속에 깊숙이 숨어 있는 '로마'의 숨결

기원전 1000년부터 영국 땅에는 켈트(Celt)족이 살았습니다. 만화나 영화로 나온 <아스테릭스>를 아시나요? 이들이 바로 켈트족입니다. 이 만화에서 켈트족의 적으로 등장하는 나라가 있는 데 바로 로마입니다. 켈트족과 로마인들의 싸움은 영국 땅에서도 벌어집니다. 영국 땅에서 평화롭게 살던 켈트족을 로마가 공격한 것이죠.

만화 〈아스테릭스〉 출처: 네이버캐스트

로마는 당시 세계에서 힘센 나라 중 하나였습니다. 그렇지만 켈트족이 워낙 힘이 세고 싸움을 잘해 로마는 영국의 남부 지방만 겨우 차지하게 됩니다(서기 43년). 이때 로마 사람들이 사용하던 라틴어가 영국에 살았던 사람들의 언어에 많이 녹아들었습니다. 그래서 현재 우리가 쓰고 있는 영어 단어의 30퍼센트가 라틴어에서 나오게 된 것입니다. 영어에는 아직도 이렇게 로마의 숨결이 남아 있답니다.

드디어 진짜가 나타났다, 게르만족!

영어는 'English'라고 합니다. 여기서 'Engl-'이란 말은 앵글로(Anglo)족이고 English는 '앵글로족이 쓰던 말'이란 뜻입니다. 앵글로족은 원래 영국에 살던 민족이 아니었습니다.

유럽 대륙에서 제일 힘이 셌던 로마도 힘이 약해지기 시작했습니다. 아시아로부터 온 훈족이 유럽을 공격하기 시작했기 때문이죠.

유럽 동쪽에 살던 게르만족은 아시아에서 쳐들어오는 훈족을 피하고자 유럽 서쪽에 있던 로마를 공격했습니다. 다급해진 로마는 영국에 있던 로마군마저 다시 유럽 대륙으로 불러들일 수밖에 없었어요(410년).

영국 남부에 있던 로마군이 떠나가자, 로마군에 밀려 영국 북부에 살던 민족들이 남부 영국 사람들을 공격하기 시작했어요. 남부 영국 사람들은 당황한 나머지 유럽 대륙에 살던 힘이 센 게르만 민족에게 대신 싸워 달라고 요청했답니다. 그 요청을 받은 게르만 민족이 바로 앵글로(Anglo)부족, 주트(Jute)부족, 색슨(Saxon)부족이었습니다. 이 게르만 민족들은 영국에 와서 남부 영국 사람들을 배신하고 영국 땅을 차지했습니다. 이들은 영국 땅에 자기들의 나라

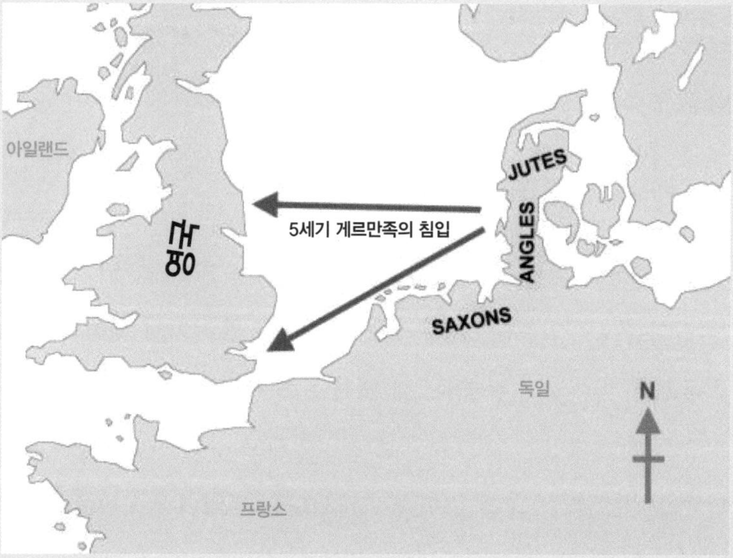

출처: Google

를 세웠지요. 이들이 썼던 독일어가 바로 영어의 시작이었습니다. English의 시작이 독일어라는 사실이 재미있지 않나요?

무서운 노르만족, 알고 보면 단순했다?

영국을 차지한 게르만족은 이제 서로 전쟁하기 시작합니다. 하지만 이들에게 더 거대한 위협이 찾아 왔으니 바로 노르만(Norman)족이었습니다. 이들은 유럽 북쪽의 얼어붙은 땅에 살던 강인한 민족이었으며 바이킹(Viking)이라고 불렸습니다.

바이킹은 요즘 지도로 보면 노르웨이나 스웨덴에 살던 민족입니다. 이 땅은 너무나도 추워서 항상 먹을 것이 부족했습니다. 그래서 할 수 없이 바이킹들은 배를 타고 나가 다른 나라와 물건을 사고 팔거나 심지어 다른 사람의 물건을 잔인하게 빼앗기까지 했습니다. 그래서 유럽의 다른 나라들은 바이킹들을 '해적', '지옥에서 온 악마'라고 부르며 무서워했답니다.

바이킹들은 영국에 도착하자마자 얼마 지나지 않아 영국의 세 개 왕국 중 두 개를 단숨에 무너뜨렸습니다. 마지막 남은 영국 왕국의 알프레도(Alfred)왕은 바이킹으로부터 나라를 지켰습니다. 그렇지만 안타깝게도 알프레도왕은 바이킹을 모두 물리치지 못했습니다. 결국 많은 바이킹들은 영국으로 와서 살기 시작했지요.

그런데 재미있는 것은 누구보다도 힘세고 무서운 바이킹이었지만 학문과 언어는 그리 뛰어나지 않았다는 점입니다. 그들은 영국 땅은 점령했지만 문화와 언어는 오히려 영국의 것을 받아들였답니다. 독일어를 바탕으로 만들어졌던 고대 영어도 이렇게 단순한 바이킹과 함께 쓰기 위해 많이 쉬워졌답니다.

프랑스, 영국의 최고 라이벌

영국의 문화에 영향을 미친 가장 큰 사건은 단연코 프랑스의 침입입니다. 프랑스 북부에 살던 윌리엄 1세는 1066년에 영국을 지배하기 시작했습니다. 이때부터 많은 프랑스인들이 영국으로 건너가 살기 시작했어요. 그런데 영국을 공격한 프랑스인들도 바이킹이라는 사실을 아셨나요? 이들은 프랑스를 공격해 땅을 빼앗고 이사해 온 바이킹이었습니다. 그렇지만 이 프랑스인들은 우리가 앞에서 본 바이킹과는 달랐습니다. 이들은 수준 높은 문화를 가지고 있었습니다.

이전에 영국을 지배한 로마, 게르만, 노르만 민족은 문화적으로 영국을 지배하지는 못했습니다. 하지만 프랑스인들은 달랐지요. 프랑스 사람들은 귀족이 되어서 영국의 문화를 이끌어 갔습니다. 영국 사람들조차 프랑스 문화를 '고급 문화'라고 생각하고 따라 하려고 노력했습니다. 영국 문화가 송두리째 사라졌을 수도 있었던 상황이었어요.

영어도 마찬가지였습니다. 영국의 귀족들은 프랑스어만 사용했답니다. 영국 평민들조차 영어는 수준 낮은 언어라고 생각했어요. 기록에 따르면 당시 영국 사람들의 80퍼센트 이상이 프랑스어를 사용했다고 합니다. 이런 상황이 되다 보니 프랑스어가 영어에 얼마나 큰 영향을 끼쳤는지 상상이 되지요? 우리가 찾고자 하는 영어의 이유들도 바로 이 시기에서 많은 힌트를 얻을 수 있답니다.

영국과 프랑스 간의 경쟁은 이후로도 백년전쟁, 식민지 전쟁 등으로 계속되었습니다. 아직도 영국과 프랑스는 축구 경기에서조차 절대 져서는 안 되는 라이벌입니다.

참고하면 좋은 다섯 번째 사실

프랑스가 영국을 침공한 이후에 영국은 더 이상 다른 나라의 지배를 받지 않았습니다. 오히려 17세기 이후로는 세계에서 가장 강한 나라가 되었습니다. 영국은 그동안 여러 민족과의 싸움에서 군사력과 문화의 힘을 키워 왔습니다. 그리고 마침내 19세기에는 전 세계 땅의 4분의 1을 차지했어요. 영국 문화 또한 전 세계에 널리 전파되었지요. 영어가 세계에서 가장 널리 사용하는 언어가 된 것도 이런 영국의 확장이 큰 역할을 했어요.

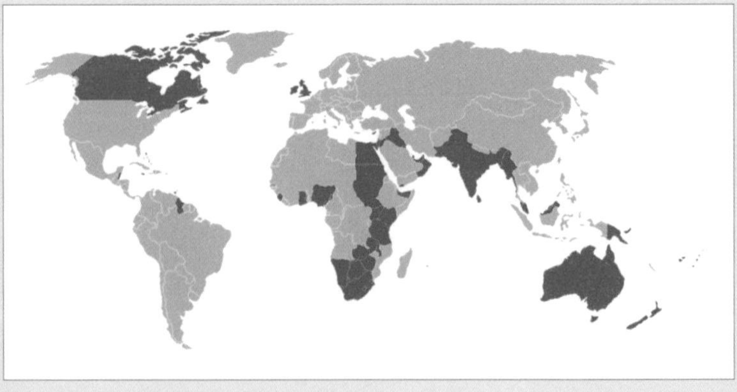

빨간색으로 표시한 나라는 19세기 당시 모두 영국 땅 출처: Google

25

동사 뒤에 -s 대신 -z, -p, -b같은 알파벳을 붙이고 싶어요

- Taylor **plays** soccer every day.
  테일러는 매일 축구를 한다.
- He **studies** computer coding in his school.
  그는 학교에서 컴퓨터 코딩을 공부한다.

주어가 3인칭 단수이면 동사 뒤에 '-s'라는 어미를 붙입니다. 그런데 왜 꼭 -s를 붙인 것일까요? -z, -p, -b 같은 다른 알파벳을 붙였으면 어땠을까요? -s를 붙인 이유를 알아보겠습니다.

어미의 모습

3인칭 단수 주어일 때 동사에 붙이는 어미 -s는 '-th'에서 온 말입니다. 발음 때문에 -eth를 함께 썼지요. 옛날 영어로 '그는 일한다'는 'He worketh~'입니다. 그러다가 -th는 발음이 편한 -s로 바뀌게 됐습니다. 그렇다면 -th에는 어떤 뜻이 있었던 것일까요? 사실 이 부분에 대해 정확한 역사적 증거는 남아있지 않습니다. 그래서 -th가 쓰인 다른 단어들이 가진 공통점을 살펴봤습니다.

th가 남아 있는 정관사와 서수

요즘 우리가 쓰는 단어 중에 th를 쉽게 찾아 볼 수 있는 단어에는 정관사 the와 서수가 있습니다.

정관사: the dog, the pencil, the building
서수: 4th, 5th, 6th

정관사와 서수의 공통점은 '하나'라는 점이에요. 정관사 the는 '그 (것), 그 (사람)'입니다. 말하는 사람과 듣는 사람이 서로 알고 있는

Super Daddy's Tip!　기수와 서수

기수는 '하나, 둘, 셋'처럼 개수를 세는 말입니다. 영어로는 one, two, three입니다. 서수는 '첫 번째, 두 번째, 세 번째'처럼 순서를 세는 말입니다. 영어로 하면 first, second, third, fourth지요.

그 '한 가지'죠. 서수로 표현하는 순서도 오직 한 사람에게만 주어집니다. 결국 'th'는 하나를 뜻한다고 볼 수 있습니다.

The boy runs fast.
그 소년은 빠르게 달린다.

그래서 옛날 사람들은 위 문장의 the boy처럼 주어가 '한 명'일 때 동사 뒤에 th를 써서 '하나, 단수'라는 의미를 전달했던 것 같습니다.

QUIZ 알맞은 단어를 고르세요

1. She (wake / wakes) up early in the morning.
   그녀는 아침 일찍 일어난다.
2. Who (works / work) here?
   누가 여기서 일하죠?
3. Tiny puppies (plays / play) together.
   작은 강아지들이 함께 논다.
4. That radio (doesn't / don't) work now.
   저 라디오는 작동하지 않는다.
5. Jennis (has / have) many dolls.
   제니스는 인형을 많이 가지고 있다.

정답 wakes, works, play, doesn't, has

26

탁자와 종이는 모두 나무로 만들었는데, 왜 made of, made from으로 다르게 쓰나요?

탁자와 종이는 똑같이 나무로 만들어졌습니다. 그런데 탁자는 made(만들어졌다) 뒤에 of를 쓰고, 종이는 made 뒤에 from을 씁니다. 같은 재료로 만든 물건이라고 해도 다른 전치사로 굳이 표현하는 이유는 무엇일까요?

나무가 보이는 탁자 vs. 나무가 보이지 않는 종이

앞의 그림에서 보면 탁자에는 그 재료인 나무의 모습이 남아 있습니다. 그래서 사람들은 탁자가 나무로 만들었다는 것을 쉽게 알 수 있습니다. 그렇지만 종이는 아무리 봐도 나무의 모습이 보이지

This table is **made of** wood.

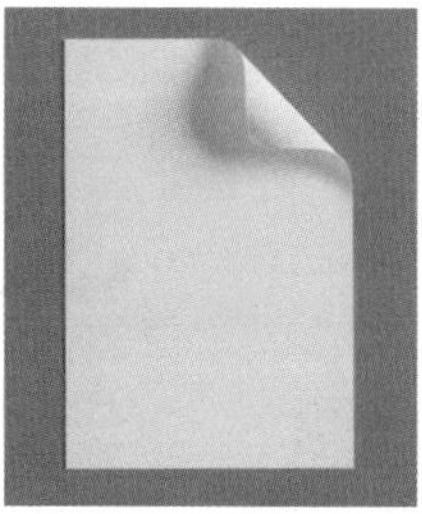

Paper is **made from** wood.

않습니다. 그래서 종이의 모습만 보고 종이가 나무로 만들었다는 것을 알기는 어렵습니다.

재료의 모습이 보이면 of, 보이지 않으면 from

물건을 보았을 때 탁자처럼 재료의 모습이 보이면 made of로 표현합니다. 그 이유는 of가 '서로 가깝다'는 느낌을 주기 때문입니다. 전치사 of의 뜻은 '~의 부분'이에요. 부분은 전체의 일부이기 때문에 '아주 가까운 사이'라는 느낌을 줍니다. 결국 재료가 눈에 바로 보이면 재료와 전체가 '서로 가깝다'는 느낌을 받게 되고, 이것을 of로 표현하는 것이죠.

반대로 종이처럼 재료의 모습이 보이지 않으면 made from을 씁니다. from은 '서로 멀다'는 느낌을 줍니다. 예를 들어 비행기가 한국에서 미국으로 갑니다(The airplane goes from Korea to the U.S.). 그러면

The airplane goes from Korea to the U.S.
비행기는 한국에서 미국으로 운행한다.

비행기는 시간이 지날수록 한국과 멀어지게 됩니다. 문장에서 Korea 앞에는 from이 있지요. 결국 from은 앞뒤에 오는 명사(airplane, Korea)가 서로 점점 멀어지는 느낌을 표현합니다. 이렇듯 재료가 눈에 바로 보이지 않으면 재료와 전체가 '서로 멀다'는 느낌을 받게 되고, 이것을 from으로 표현하는 것입니다.

PLUS! 더 알아보기

from은 구동사에서도 '서로 떨어진다'는 의미로 쓰인답니다

- He keeps me **from** eating ice cream.

그는 내가 아이스크림을 먹지 못하게 한다.

→ He는 me와 ice cream을 떨어뜨려 놓습니다.

- The teacher stopped students **from** chatting in class.

그 선생님은 학생들이 수업시간에 떠들지 못하게 했다.

→ 선생님은 학생들과 '떠드는 것'을 분리하고 있습니다.

QUIZ 알맞은 전치사를 고르세요

1. This plastic cup is made (of / from) oil.
플라스틱 컵은 원유로 만들어진다.

2. Wine is made (of / from) grapes.
포도주는 포도로 만들어진다.

3. Salad is made (of / from) vegetables.
샐러드는 야채로 만들어진다.

4. Books are made (of / from) paper.
책은 종이로 만들어진다.

5. Cheese is made (of / from) milk.
치즈는 우유로 만들어진다.

정답 from, from, of, of, from

27

알면 아는 거지 know와 know of, know about은 무슨 차이가 있는 건가요?

어떤 것을 '안다'라는 표현은 다양합니다. '잘 안다', '조금 안다', '대강 안다', '전체적으로 안다' 등 다양한 상황에 맞게 표현을 사용합니다. 영어에서도 누구 혹은 무엇을 안다는 표현을 know, know of, know about 등으로 조금씩 다르게 표현합니다. 이 차이들을 외우지 말고 이해해봅시다.

오바마 대통령의 진짜 친구는 누구일까?

짐과 잭, 제이슨은 저마다 오바마 대통령을 안다고 말합니다. 이 중에서 오바마 대통령을 제일 잘 아는 사람은 누구일까요?

Jim: I **know of** president Obama.
나는 오바마 대통령에 대해 안다.

Jack: I **know about** president Obama.
나는 오바마 대통령에 대해 안다.

Jason: I **know** president Obama.
나는 오바마 대통령을 안다.

정답은 제이슨입니다. 제이슨은 '안다'는 표현으로 know만을 썼습니다. know는 놀기도 하고 연락하는 사이일 경우에 씁니다. 그렇다면 know of라고 말한 짐과 know about이라고 말한 잭은 오바마 대통령을 어느 정도 아는 걸까요?

know of와 know about은 알긴 아는데 '다르게 알아요'

위에서 짐과 잭은 오바마 대통령을 간접적으로만 알고 있는 사람들입니다. know 뒤에 of와 about을 썼기 때문이에요. of와 about은 둘 다 '~에 대해'란 뜻이 있어요. 그래서 know of와 know about은

'누군가에 대해 안다'는 뜻이 됩니다. 오바마 대통령을 만나지는 못했지만 책, TV 등으로 그 사람에 대한 정보를 알고 있다는 얘기지요.

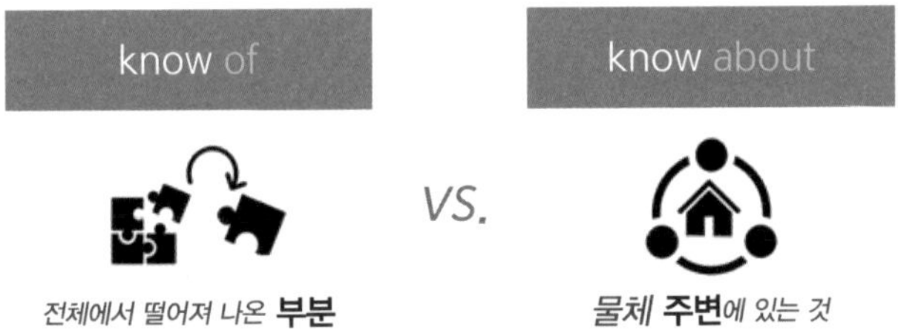

know of와 know about도 '아는 정도'에 차이가 있습니다. know of라고 말한 짐은 '오바마 대통령에 대해 부분적으로 조금 아는 사람'입니다. 전치사 of가 '~의 부분'을 뜻하기 때문이죠. 그는 아마 오바마 대통령의 나이, 좋아하는 음식, 에피소드와 같이 몇 가지 정보만 안다고 볼 수 있습니다.

know about이라고 말한 잭은 어떨까요? about은 '어떤 것을 둘러 싸고 있는 주변'을 뜻합니다. 그는 오바마 대통령에 대한 주변 정보들, 즉 성장 과정, 가족 관계, 연설, 업적 등 오바마 대통령에 대해 두루 알고 있을 것입니다.

Super Daddy's Tip! about이 '주변'을 뜻하는 이유

about에서 단어 뒤쪽의 –bout는 'outside'에서 온 말입니다 '어떤 것의 주변에(outside) 있다'는 뜻이죠. about 1 o'clock도 정확하게 1시가 아니라 약 1시인 이유도 여기에 있습니다.

PLUS! **더 알아보기**

know 외에 '안다'는 뜻의 동사들은 어떻게 구분해야 하나요?

다섯 가지 동사를 살펴보겠습니다.

- **find out**: 몰랐던 사실을 알게 되었다.
- **figure out**: 몰랐던 방법을 찾게 되었다.
- **recognize**: 지금 벌어지고 있는 상황이 어떤 것인지 알아차렸다.
- **realize**: 사건에 내포된 이유를 알게 되었다.
- **understand**: 사건에 내포된 상대방의 생각이나 감정까지도 잘 알게 되었다.

QUIZ **다음 중 정답을 고르세요**

1. 어떤 것의 '부분'의 느낌을 가진 전치사는? (of / about / over)
2. 어떤 것을 둘러싸고 있는 '주변'의 느낌을 가진 전치사는? (of / about / over)
3. 부분적으로 알 때는 (know, know of, know about)을 쓰세요.
4. 서로 친하게 지내는 사이일 때는 (know / know of / know about)을 쓰세요.
5. 만난 적은 없지만 그 사람에 대해 두루 안다면 (know / know of / know about)을 쓰세요.

정답 of, about, know of, know, know about

28

a lot of 뒤에 셀 수 있는 명사와 셀 수 없는 명사를 모두 쓸 수 있는 이유

1. The farmer has **many** pigs and **much** money.
   그 농부는 많은 돼지와 많은 돈이 있다.
2. The farmer has **a lot of** pigs and money.
   그 농부는 많은 돼지와 많은 돈이 있다.

many와 much, a lot of는 모두 '많은'이라는 뜻입니다. 1번 문장처럼 many 뒤에는 셀 수 있는 명사가 오고, much 뒤에는 셀 수 없는 명사가 옵니다. 그런데 a lot of는 뒤에는 셀 수 있는 명사와 셀 수 없는 명사가 모두 올 수 있습니다(2번 문장). lot는 왜 셀 수 있는 명사와 셀 수 없는 명사를 가리지 않고 다 쓸 수 있는 걸까요?

lot의 첫 번째 뜻: 제비뽑기

제비뽑기를 아시나요? 제비뽑기는 사람들끼리 돈이나 물건을 나눠 가질 때 많이 하는 방법입니다. 여러 장의 종이에 번호나 그림을 그려 놓고 보이지 않게 접은 후, 모두 공평하게 한 장씩 종이를 뽑습니다. 그리고 자기가 뽑은 종이에 적힌 만큼 돈이나 물건을 받습니다. 제비뽑기는 영어로 lottery입니다. lottery의 앞부분의 lot은 우리가 '많은'이란 뜻으로 쓰는 a lot of와 lots of의 lot과 같은 단어랍니다.

lot의 두 번째 뜻: 그릇

제비뽑기를 하는 이유는 물건을 서로 싸우지 않고 공정하게 나누기 위함입니다. 그렇다면 제비를 뽑아서 나눌 물건의 양은 같아야 하겠지요. 여러분이 제비로 사과 4개를 뽑아서 기분이 좋았는데 사과가 작아서 큰 사과 2개보다 못하다면 분명 '공정하지 않다'고 생각할 것입니다.

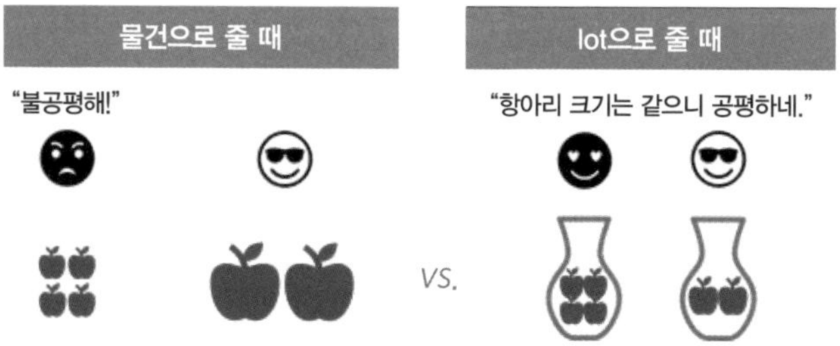

크기가 다른 물건들의 '양'을 같게 나눌 수 있는 방법이 무엇이 있을까요? 사람들이 생각해 낸 것은 항아리와 같은 그릇입니다. 같은 크기의 항아리에 사과를 가득 담은 후, 사과가 아닌 항아리를 제비로 뽑았더니 사람들은 더 이상 양이 적을까봐 걱정하지 않게 되었습니다. 제비뽑기를 뜻했던 lot은 '(크기가 다른 물건을 하나에 담아) 같은 양을 만드는 그릇' 혹은 '단위'라는 뜻도 가지게 되었답니다.

셀 수 없는 명사도 a lot of로 '많은'의 뜻을 갖게 된 이유

lot(그릇) 안에는 여러 개의 물건이 들어가기 때문에 lot은 '많다'라는 느낌을 줍니다. 그래서 a lot of에서 a lot은 '항아리 하나'라고 해석해도 '항아리 안에는 여러 개의 물건'이 들어 있으니, '많은'이란 뜻이 됩니다. 또한 lot(그릇) 안에는 물, 기름, 포도주와 같은 액체도 담을 수 있습니다. 바닥에 흘린 물은 셀 수 없지만, lot에 담긴 물은 1 lot, 2 lots로 셀 수 있습니다.

그래서 a lot of , lots of는 셀 수 없는 액체와 함께 쓰여도 '많다'라는 의미를 표현할 수 있습니다.

셀 수 없는 물

그릇에 담으면 셀 수 있는 물

PLUS! 더 알아보기

lots of는 a lot of보다 그릇이 더 많다는 뜻이니까, a lot of보다 더 많다는 뜻인가요?

그렇지는 않습니다. 둘 다 '많다'로 똑같이 사용합니다. 뜻은 차이가 없지만 대신 언제 쓰는지는 차이가 있습니다. lots of는 주로 일상생활에서 주변 사람들과 대화할 때 많이 씁니다. 반면에 a lot of는 책이나 글에 많이 쓰는 말입니다.

QUIZ 알맞은 단어를 고르세요

1. My sister drinks (many / a lot of) juice.
   내 여동생은 주스를 많이 마신다.
2. My dad has (many / a lot of) work.
   아빠는 일이 많다.
3. Justin doesn't have (many / a lot of) time to sleep.
   저스틴은 잘 시간이 많지 않다.
4. Why do you have (much / a lot of) questions?
   왜 너는 그렇게 질문이 많니?
5. Julia showed me (much / a lot of) shoes.
   줄리아는 나에게 많은 신발을 보여줬다.

정답 a lot of, a lot of, a lot of, a lot of, a lot of

29

a number of는
왜 '많은'이란 뜻일까요?

- **A number** of kids are singing together.
  수많은 아이들이 함께 노래하고 있다.
- There are **a number of** the fans at the airport.
  수많은 팬들이 공항에 있다.

우리가 알고 있는 a의 뜻은 보통 '하나'입니다. 그런데 위의 두 예문에서 a number of는 복수(둘 이상의 사람이나 동물)입니다. a number of 뒤에 복수 명사 kids와 fans가 있고, 동사도 is가 아니라 are를 쓰는 것으로 복수임을 알 수 있습니다. 사실 a number of의 뜻은 '여러 개의, 여러 명의'입니다. a에는 어떻게 '하나'와 '많은'이란 서로 다른 뜻이 동시에 있는 것일까요?

a는 one에서 나온 말입니다. one은 '하나, 한 개'라는 뜻이지요? 그런데 여기서 한 가지 놓치면 안 되는 것이 있습니다. one은 '여러 개 중에서 아무것이나 하나'입니다. 예를 들어 '라면 하나 주세요'라는 문장에서 '라면 하나'는 '아무 라면이든 좋으니 한 개 주세요'라는 뜻입니다. 영어의 one에는 바로 이렇게 '확실하지 않은 하나'의 느낌이 있습니다.

I lost my pencil. I will buy new **one** today.
나 연필을 잃어버렸어. 오늘 새로 연필을 살 거야.

이 문장에 있는 new one도 '특별히 정해 놓은 연필'이 아니에요. a도 one에서 나온 말이니까 이런 두 가지 의미(하나, 정해 놓지 않은)를 가지고 있겠지요?

A tiger is dangerous animal.
호랑이는 위험한 동물이다.

여기서 a tiger는 '호랑이 한 마리'만을 의미하지는 않습니다. a가 가진 '정해 놓지 않았다'는 의미 때문에 호랑이라는 종족 전체를 말해요.

자 그러면 a number of로 돌아가 보지요. a number of에서 a도 숫자 '하나'를 의미하지는 않습니다. '너무 많아서 그 숫자를 정해 놓지 못한다'는 의미입니다. 그래서 a number of는 '많은'을 의미하게 되었습니다.

그렇다면 the number of는 어떨까요? 정관사 the는 확실히 정해져 있는 명사 앞에 쓰지요? 그래서 the number of도 확실하게 정해진 '숫자'를 말할 때 씁니다. number of 앞에 관사만 다를 뿐인데 뜻은 정반대랍니다.

The number of people in Lotte World was 10,000.
롯데월드에 있던 사람의 숫자는 만 명이다.

Jenny saw **a number of** people in Lotte World.
제니는 롯데월드에서 많은 사람들 보았다.

PLUS! 더 알아보기

a number of는 복수, the number of는 단수, 동사에 신경쓰세요!

- A number of people **were** crying.
  많은 사람들이 울고 있었다.
- The number of registered people **is** increasing.
  등록된 사람의 수가 증가하고 있다.

a number of는 '많은'이란 뜻이니까 복수입니다. 그래서 be 동사로 are, were를 써야 합니다. 반대로 the number of는 숫자 하나입니다. be 동사로 is, was를 써주세요.

QUIZ 알맞은 단어를 고르세요

1. The number of students (is / are) declining.
학생의 수가 감소하고 있다.

2. A number of students (is / are) dancing.
많은 사람들이 춤을 추고 있다.

3. There are (a number of / the number of) children at the amusement park.
놀이공원에 아이들이 많다.

4. My teacher counted (a number of / the number of) students.
선생님께서는 학생들의 숫자를 세셨다.

5. We can see (a number of / the number of) animals in a zoo.
우리는 동물원에서 많은 동물을 볼 수 있다.

정답 is, are, a number of, the number of, a number of

30

사라진 shall의 진실

would는 will의 과거형입니다. should도 would와 모양이 비슷한데 어떤 단어의 과거형 아닐까요? 맞습니다. should는 shall의 과거형입니다. 그런데 요즘 혹시 shall이라는 단어를 들어 보셨나요? 아마 아닐 겁니다. shall은 1800년대까지만 해도 많이 쓰이다가 이제는 거의 쓰지 않는 조동사가 되고 있습니다. shall은 왜 점점 사라지고 있는 걸까요?

인기가 줄어들고 있는 shall

Shall은 1900년 전까지 많이 쓰였지만 점점 사용횟수가 줄어들고 있습니다.

1. I **shall** be in Daegu next week.
나는 다음 주에 대구에 있을 거야.
2. You **shall** not steal anything.
당신은 어느 것도 훔치면 안 됩니다.

예전에 shall은 꽤 인기 있는 단어였습니다. shall은 1번 문장처럼 '앞으로 무엇을 하려고 하는지(의지)'를 말할 때 사용했던 표현이었습니다. 또한 2번 문장처럼 '~하면 안 된다(의무)'는 뜻도 있었지요. 그런데 시간이 지나면서 shall의 첫 번째 뜻으로 will이 더 많이 쓰이게 되었습니다. 그리고 shall의 두 번째 뜻으로는 should가 더 많이 쓰이게 되었습니다. 왜냐하면 shall의 두 가지 뜻이 서로 너무 달라서 듣는 사람들을 혼동하게 만들었기 때문입니다.

'I will go.'라고 하면 '나 갈 거야(의지)'라고만 해석됩니다. 이에 비해 'I shall go.'라고 하면 듣는 사람은 말하는 사람이 가고 싶어서 가는 건지(의지) 아니면 가야 하니까 가는 건지(의무) 헷갈리게 됩니다. 그래서 사람들은 자기의 뜻을 더 정확하게 전달하기 위해 가려고 하는 것이면 will을 쓰고 가야만 하는 것이면 should를 쓰게 됐습니다. 결국 shall은 잘 쓰이지 않는 단어가 된 것이죠.

PLUS! 더 알아보기

아직도 shall이 쓰이고 있는 마지막 뜻

Shall we dance? / **Shall** I go now? / Let's drink, **shall** we?

shall을 아직도 쓰는 경우는 '다른 사람에게 무언가 하자고 말할 때'입니다. 특히나 정중하게 요청할 때는 shall을 씁니다.
그것은 이미 설명한 shall의 사라진 두 가지 뜻 때문입니다. shall은 will처럼 '~하실래요?'라고 의지도 물어보면서, should처럼 '해야 하지 않을까요?'라고 은근히 의무감도 줄 수 있는 것이지요. 상대방에게 점잖지만 힘 있게 제안할 때는 shall을 쓰면 좋답니다.

QUIZ 다음 중 정답을 고르세요

1. would는 will의 과거형이 아닙니다. (○ / ×)
2. should는 shall의 과거형입니다. (○ / ×)
3. should는 거의 쓰지 않습니다. (○ / ×)
4. shall은 원래 두 가지 뜻을 가지고 있었습니다. (○ / ×)
5. shall은 상대방에게 '정중하게 요청할 때' 아직도 쓰고 있는 표현입니다. (○ / ×)

정답 ×, ○, ×, ○, ○

31

There is a house. There are houses.
주어는 there로 같은 데 동사는 왜 다르지요?

1. **He is** kind. And **he is** honest.
   그는 친절하다. 그리고 그는 솔직하다.
2. **He is** kind. And **they are** kind.
   그는 친절하다. 그리고 그들은 친절하다.
3. **There is** a house. **There are** houses.
   집이 한 채 있다. 집들이 있다.

주어가 단수(한 개, 한 사람)이면 be 동사 is를 씁니다. 주어가 복수(여러 개, 여러 사람)이면 are를 쓰지요. 주어에 따라서 다르게 써줄 단어가 필요합니다. 1번 문장은 주어가 he여서 is를 썼고, 2번 문장도 주어 he, they에 맞춰 is, are를 썼지요. 문제는 3번 문장입니다.

주어는 모두 there인데 동사는 is를 쓰기도 하고 are를 쓰기도 했습니다. 어떻게 된 일일까요?

숨은 '주어' 찾기

there가 문장 맨 앞에 나온 문장을 보면 우리는 자연스럽게 there가 주어라고 생각하게 됩니다. 그렇지만 주어가 같은데도 동사가 바뀌는 것을 보니 'there가 주어가 아닐 수도 있다'고 추측을 해볼 수 있습니다. 맞습니다. 3번 문장의 진짜 주어는 there가 아니라 a house와 houses입니다. '동사는 주어가 단수(하나)인지 복수(여러 개)인지에 따라 다르게 쓴다'는 원칙은 변하지 않기 때문이죠. a house가 주어일 때 동사는 is를, houses가 주어일 때는 are를 쓴 것입니다.

주어 대신 there가 문장 앞에 나온 이유

그러면 왜 주어 대신 there이 문장 앞쪽에 나온 걸까요? '집 한 채가 있다'를 영작해 보겠습니다.

첫 번째 영작: A house is.

사실 이렇게만 해도 뜻은 전달됩니다. 그런데 이렇게만 말하면 듣는 사람은 'A house is.' 다음에 무슨 말이 더 나올 것 같은 느낌을 받게 됩니다. be 동사가 그렇게 만듭니다. be 동사는 뒤에 명사나 형용사를 함께 써야 뜻을 이해할 수 있습니다. 'A house is.'라는 말을 들으면 be 동사 뒤에 '무슨 말이 나올거야' 하고 자연스럽게 기다리게 되는 거지요. 결국 'A house is.'로는 안 되겠습니다.

두 번째 영작: **Is a house.**

그래서 이번에는 be 동사를 문장 앞으로 보내봤습니다. 그런데 또 다른 문제가 있어요. be 동사가 앞에 오니까 듣는 사람은 자기에게 뭔가 '묻는 것인 줄'로 착각합니다. 'Is this your pencil?'처럼 be 동사는 물어보는 문장에서 문장 맨 앞에 오니까요. 이번에도 맞는 문장이 아니네요. be 동사가 문장 맨 앞에 있는 것이 문제니까 be 동사 앞에 무엇이라도 있어야 할 것 같습니다.

그런 단어를 찾아볼까요? 이렇게 사용할 단어는 두 가지 조건에 맞아야 합니다. 먼저는 원래 필요 없었던 단어니까 단어의 뜻이 강하면 안 될 것 같습니다. 그다음으로 이 단어는 원래 문장이 '무엇이 있다'는 말을 하는 것이니까 이왕이면 '장소'의 느낌을 준다면 좋겠네요.

단어를 찾습니다

조건 1

뜻이 강하지 않아서 원래 문장의 뜻을 해치지 않아야 한다.

조건 2

'있다'는 것을 말하는 문장이니 이왕이면 '장소'의 느낌을 주는 말이 좋다.

이런 이유로 there를 문장 앞에 쓰게 되었습니다. there는 here보다는 뜻이 약하고, '장소'의 느낌을 주니까요.

세 번째 영작: **There is a house.**

선택된 there를 be 동사 앞에 쓰니 보기 좋고 뜻도 잘 전달됩니다. 그런데 한 가지 꼭 기억해야 할 것이 있습니다. there는 원래 쓸 필요가 없는 말이었습니다. 그렇기 때문에 there는 해석하지 않아야 합니다. '거기에 집이 있어(×)'가 아니라 '집이 있습니다(○)'입니다.

Super Daddy's Tip! here이 there보다 뜻이 강한 이유

"Here is the thing!"은 "자, 설명하자면 바로 이거야!"라는 뜻입니다. 상대방에게 설명하기 전에 먼저 강한 느낌을 줍니다. 여기서도 here를 썼습니다. here는 말하는 사람과 듣는 사람의 바로 눈앞에 있는 곳입니다. 그래서 듣는 사람은 자연히 there보다 더 강한 느낌을 받게 됩니다.

PLUS! 더 알아보기

'집이 있습니다'를 'A house is there.'로 말하면 안 될까요?

안됩니다. 'A house is there.'은 '거기에 집이 있다'라는 뜻입니다. there는 주어가 아닐 경우에는 '거기에, 그곳에'라고 해석해줍니다. there는 부사(문장의 형용사나 동사, 부사를 더 자세하게 설명해 주고 꾸며 주는 역할을 하는 말)이니까요.

QUIZ 알맞은 단어 또는 문장을 고르세요

1. (Is / Are) there many dogs in the park?
   공원에 강아지들이 많이 있나요?

2. (There / It) was my dad's book on the table.
   탁자에 아빠의 책이 있었다.

3. (Is there Rucy? / Is Rucy there?)
   루시 있나요?

4. (Is there Rucy? / Is Rucy there?)
   루시가 거기 있나요?

5. (There / It) is 5 kilometers from home to my school.
   우리 집에서 학교까지는 5킬로미터다.

정답 Are, There, Is there Rucy?, Is Rucy there?, It

32

compare with와 compare to의 뜻은 왜 서로 다른 걸까요?

1. We **compared** the two soccer teams.
   우리는 두 개의 축구팀을 비교했다.
2. Could you **compare** this computer **with** your computer?
   이 컴퓨터를 당신의 컴퓨터와 비교해줄래요?
3. Some of soccer fans **compare** Son Heung-min **to** the king of soccer.
   몇몇 축구 팬들은 손흥민 선수를 축구의 왕에 비유한다.

compare의 뜻은 '비교하다'입니다(1번 문장). 두 가지 물건을 비교해 얘기하고 싶으면 물건들 사이에 with를 씁니다(2번 문장). 그런데 with 대신 to를 대신 쓰면 '비교하다'가 '비유하다'가 됩니다(3번 문장). 전치사만 달라도 뜻이 바뀌는 이유를 한번 알아볼까요?

'비교'는 물건들을 나란히 놓고 비슷한 점과 다른 점을 둘 다 찾는 것입니다. 이에 비해 '비유'는 어떤 물건을 이미 알고 있는 다른 물건의 비슷한 점을 찾아 말하는 것입니다. 기억해야 할 점은 비교는 비슷한 점과 다른 점을 '모두' 찾지만, 비유는 '비슷한 점만' 찾는다는 것입니다. 그렇다면 왜 with를 쓰면 비교한다는 느낌을 갖게 될까요? 또 to는 비슷한 점만 찾는 비유하다가 되는 걸까요?

to와 with가 만들어내는 뜻의 차이

The airplane is going **to** Singapore.
그 비행기는 싱가포르로 가고 있다.

전치사 to의 뜻은 '~로'입니다. to는 '원하는 목표 지점으로 가는' 느낌을 줍니다. 비행기는 싱가포르로 가고 있습니다. 싱가포르가 있는 위치와 '비슷해져' 가는 것이죠. 전치사 to는 이렇게 '가까워져서 비슷해지는' 느낌을 주기 때문에 compare to는 '비유하다(비슷한 점을 찾다)'가 됩니다.

John was **with** some people on the bus.
존은 버스에서 몇몇 사람들과 있었다.

이번에는 with입니다. with의 기본 뜻은 '~와 함께'입니다. 두 물건이나 사람이 함께 나란히 서 있는 느낌을 주네요. 존은 버스에서 사람들과 함께 있었습니다. 함께 있긴 하지만 존은 이 사람들을 알지 못합니다. 이 사람들은 존이 탄 버스에 타고 있었을 뿐입니다. with는 이렇게 그저 나란히 놓여 있다는 의미입니다. to처럼 비슷한 점을 찾으려고 하지도 않습니다. 서로 같기도 하고 다르기도 한 상황을 그대로 가지고 있지요. compare with는 with의 이런 느낌 때문에 같기도 하고 다르기도 한 점을 모두 찾는 '비교'가 된답니다.

QUIZ 알맞은 전치사를 고르세요

1. My grandpa compared children (to / with) sprouts.
우리 할아버지는 아이들을 '새싹'에 비유했다.

2. Compared (to / with) other countries, South Korea has developed quite quickly.
다른 나라들에 비해 한국은 매우 빠르게 발전했다.

3. Dads compare his daughter (to / with) flowers.
아빠들은 딸들을 꽃에 비유한다.

4. My room is messy compared (to / with) your room.
너의 방에 비하면 내 방은 지저분하네.

5. A doctor says, sleeping is compared (to / with) medicine.
의사가 말하기를, 잠은 약과 같대.

정답 to, with, to, with, to

33

person의 복수는 people 맞지요? 그런데 persons도 있던데요?

아파트 엘리베이터 안을 찍은 사진입니다. 15 persons라고 쓰여 있네요. 그런데 persons? person의 복수인 '사람들'은 people 아닌가요? 우리가 알고 있는 people과 persons은 어떻게 다를까요? persons는 왜 잘 쓰지 않게 되었을까요?

1. Joel is such a nice **person**.
   조엘은 참 좋은 사람이다.
2. Joel and Wendy are such nice **people**.
   조엘과 웬디는 참 좋은 사람들이다.

3. Three **persons** were named in the police report.
세 사람이 경찰 보고서에서 이름이 언급되었다.

1번 문장처럼 person은 사람 한 명 한 명을 각각 나타낼 때 쓰는 말입니다. 2번 문장처럼 두 명 이상이 모이면 '사람들(people)'이 됩니다. person의 복수는 people라는 것은 너무 당연해 보입니다. 그런데 옛날 영어에서는 person의 복수가 people이 아니라 persons였습니다. pencil의 복수가 pencils인 것처럼 person 뒤에도 복수를 뜻하는 -s를 붙여서 말했던 것이죠.

persons가 people이 된 이유

person은 원래 라틴어 persona에서 나온 말입니다. persona는 '가면'이라는 뜻입니다. 인형극에서 동물 흉내를 내기 위해 얼굴에 쓰는 그런 가면이요.

사람은 누구나 자기 마음과 다르게 행동할 때가 있어요. 마치 '가면'을 쓰고 무대 위에서 '연기하는 것'처럼요. 사람들이 이렇게 살아

가는 모습 때문에 persona는 '사람'을 뜻하는 말이 되었답니다. 이렇게 만들어진 person에 -s만 붙여서 persons가 '사람들'이 되었지요. 그러면 persons는 '가면들'이라는 속뜻을 갖게 되겠네요. 가면들은 제각각 모양이 다릅니다. 그렇기 때문에 persons는 '사람들'을 뜻하지만 그 사람들은 한 명 한 명 '다른 사람들'이라는 느낌을 갖고 있습니다.

이에 비해 people에는 '비슷한 사람들'이란 느낌이 있습니다. people은 person과 다른 말에서 왔기 때문인데요. people은 라틴어 populum에서 나왔어요. populum은 같은 문화와 사회 속에서 함께 사는 사람들의 모임을 의미하는 말입니다. 그래서 people이란 말 속에 '같은 점을 가지고 있다'라는 의미가 생겼습니다. '모여 있지만 사실 서로 다른 사람들'을 의미하는 persons과는 약간 다른 느낌이 있답니다.

"사람들이 극장에 많다", "요즘 사람들은 다들 바빠", "추석이라서 사람들이 모두 고향에 갔나 봐" 등 우리는 평소에 '사람들'이란 말을 쓸 때 그들의 공통점을 말하는 경우가 대부분입니다. 영어도 그렇

비슷한 사람들끼리 모여 있을 때는 people을 씁니다.

습니다. 그래서 비슷한 사람들의 모임인 people을 persons보다 더 많이 쓰이게 되었답니다.

저 아직 없어지지 않았어요!

persons는 '각각 저마다 다른 사람들'의 느낌을 가지고 있습니다. 모여있기는 하지만 한 명 한 명 다 다르다는 것이죠. 그래서 한 명 한 명 정확히 셀 때나 적은 수의 사람을 말할 때 여전히 persons를 씁니다.

1. 10 **persons** are maximum.
   10명이 (탈 수 있는) 최대 인원이다.
2. Firefighters rescued 59 **persons** from the burning building.
   소방관들은 불이 난 건물에서 59명을 구출했다.

1번 문장과 같이 모든 엘리베이터에는 가장 많이 몇 명까지 탈 수 있는지가 쓰여 있습니다. 안전을 위해 한 명이라도 넘어서면 안 되는 정확한 수니까 persons를 씁니다. 뉴스도 사실을 전달하는 것이니 정확하게 몇 명인지를 알려줘야 합니다. 그래서 2번 문장처럼 persons를 즐겨 씁니다.

PLUS! 더 알아보기

peoples는 무엇인가요?

people은 person의 복수형인데 또 '-s'를 붙이니 어색해 보이지요? peoples에서 people은 '사람들'이 아닙니다. 오랫동안 같은 곳에서 살아온 사람들을 뜻하는 '민족, 종족'입니다. 위에서 본 것처럼 people은 '비슷한 사람들의 모임'입니다. 이런 모임이 여러 개면 어떻게 될까요? 바로 민족, 종족이 되는 것입니다.

There are many **peoples** in West Africa.
서아프리카에는 많은 민족들이 있다.

QUIZ 다음 중 정답을 고르세요

1. person은 persona에서 나온 말입니다. persona의 뜻은 무엇인가요? (신발 / 혁대 / 가면)
2. persons는 아직도 사용되고 있죠? 언제 사용될까요? (비슷한 여러 사람을 가리킬 때 / 한 명 한 명이 중요할 때)
3. peoples는 '사람들'이란 뜻입니다. (○ / ×)

정답 가면, 한 명 한 명이 중요할 때, ×

34

similar to(~와 비슷하다)와 same as(~와 같다)는 둘다 '~와' 인데 왜 서로 다른 전치사를 쓸까요?

1. Your bicycle is **similar to** mine.
   너의 자전거는 내 것과 비슷하다.
2. Your bicycle is **same as** mine.
   너의 자전거는 내 것과 똑같다.

similar는 '비슷하다', same은 '똑같다'입니다. 무엇과 비슷한지, 무엇과 같은지를 말하려면 '~와'라는 말이 필요합니다. 보통 '~와'는 영어로 with입니다. 그래서 'similar with'나 'same with'라고 쓰기 쉽습니다. 그런데 이는 잘못된 표현입니다. similar는 similar 'to', same은 same 'as'가 맞습니다. 게다가 같은 '~와'인데도 to와 as로 나누어 씁니다. to와 as는 그렇게 느낌이 다른 걸까요?

널 향해 가고 있어, to

compare to와 compare with을 살펴보면서 우리는 to가 왜 '비유하다'에 쓰이는지 알아봤습니다. to는 기본적으로 '~로 (가고 있다)'라는 의미이기 때문에 '(목표와) 점점 비슷해진다'는 느낌을 갖게 되기 때문이었죠. similar to도 마찬가지입니다. 1번 문장은 'your bicycle(너의 자전거)은 mine(my bicycle, 내 것)과 비슷하다'는 내용입니다. 같지는 않지만 점점 같아지는 방향으로 가고 있지요. to가 어떤 의미를 가지고 있는지 생각해 보면 similar와 어울리는 전치사는 to뿐입니다.

'also'에서 온 그대, as

as는 '~로서', '~만큼', '~할 때', '~때문에' 등 영어 단어 중에서 가장 다양한 의미로 사용되는 단어입니다. 그렇지만 가장 중심이 되는 뜻은 '같다'입니다. 왜냐하면 as는 also에서 나온 단어이기 때문입니다. also는 '게다가', '또한'이란 뜻이지요?

She speaks in English. She **also** speaks Italian.
그녀는 영어로 말한다. 그녀는 또한 이탈리아어로 말한다.

위 문장을 보세요. also는 English가 나온 다음에 '같은' 종류의 말인 Italian을 추가적으로 말하는 데 쓰였습니다. also는 이렇게 앞의 말과 '같은' 수준의 단어를 말할 때 씁니다. 그래서 이런 also에서 나온 as는 기본적인 의미가 '같다'입니다. as를 쓴 예문들을 보면 이해가 더 쉽습니다.

1. **Kayla** run as fast as **Tina.**
   케일라는 티나만큼 빠르다.
2. **Justin** did his best as **the student leader of his school.**
   저스틴은 자신의 학교에서 학생 회장으로서 최선을 다했다.

1번 문장에서 as(~만큼)는 케일라의 속도와 티나의 속도가 '같다'는 의미입니다. 2번 문장에서 as의 뜻은 '~로서'입니다. 저스틴과 학생회장이 같은 사람이라는 것이지요. 이렇게 as는 앞뒤의 명사가 같다는 의미로 사용됩니다. 그래서 same의 '같다'의 의미와 가장 잘 어울리는 전치사는 결국 'as'가 됩니다.

PLUS! **더 알아보기**

저는 책에서 same to와 same with도 보았는데요?

1. Every flower looks the **same to** me.
   모든 꽃이 저에게는 같아 보인다.
2. Anna did not go to school today. It is **same with** Mary.
   오늘 애나가 학교에 오지 않았다. 메리도 똑같다.
3. Your bicycle is **same as** mine.
   너의 자전거는 내 것과 똑같다.

same to나 same with도 맞는 표현입니다. 하지만 사용하는 상황이 same as와 다릅니다. same to는 앞에 나온 물건이나 상황에 뒤에 나온 사람에게는 어차피 '같다'는 뜻입니다. same as처럼 앞에 나온 every flower와 me를 비교하려는 것이 아니지요.
same with는 same as와 비슷합니다. 2번 문장은 앞에 나온 Anna의 상황과 Mary의 상황이 비슷하다는 것을 말하고 있습니다. 하지만 자세히 보면 it은 학교에 오지 못한 '상황'이라서 사람인 Mary와 다릅니다. same with는 이렇게 앞뒤의 상황은 비슷하지만 앞에 나온 말과 뒤에 나온 말이 같은 종류가 아닐 때 사용합니다. same as를 쓴 3번 문장에서 your bicycle과 mine(my bicycle)이 서로 같은 종류인 것과 비교해 보면 차이를 느낄 수 있습니다.

QUIZ 알맞은 전치사를 고르세요

1. A: I was angry because he was late again.
   그가 또 늦어서 나는 화가 났어.
   B: It was same (as / to / with) me. I don't understand him, either.
   그건 나도 그래. 나도 그를 이해할 수가 없어.

2. He thinks the same (as / to / with) me.
   그는 나와 같이 생각해.

3. The boy told his mom a lie. And he did the same (as / to / with) me yesterday.
   그 소년은 엄마에게 거짓말을 했어. 그리고 그 애는 나에게도 어제 그랬지.

정답 with, as, to

35

셀 수 없는 명사,
세다가 화나는 명사, 셀 필요 없는 명사

1. a car, cars, flower, flowers, a stone, stones
2. love, respect, belief
3. sand, hair, salt
4. water, coffee, paper, bread

영어에는 1번처럼 몇 개인지 셀 수 있는 명사가 있습니다. 하지만 2, 3, 4번처럼 셀 수 없는 명사도 있습니다. 이런 단어들은 셀 수 있다는 표시를 하지 않아요. 앞에 a나 an을 쓰지도 뒤에 -s를 붙이지도 않습니다. 그런데 이상한 점이 있어요. 2번의 사랑, 존경, 믿음은 눈에 보이지 않으니까 셀 수 없는 것임을 알 수 있는데요. 3번과

4번에 있는 단어들 sand, hair, bread, paper는 눈에 보이는데도 왜 못 센다고 할까요?

널 세고 싶다

셀 수 없는 명사 중에 3번에 있는 단어들은 너무 많아서 세다 보면 화가 나는 명사예요. 물론 모래나 소금, 머리카락은 눈에는 보이니까 세어보려고 할 수는 있습니다. 그렇지만 결국 몇 개인지 말할 수 있을까요? 아마 없을 겁니다. 영어에서는 이렇게 개수를 정확하게 말할 수 없으면 '셀 수 없다'고 표현합니다.

그럼 4번의 단어들은 어떨까요? 셀 필요가 없는 단어들입니다. 왜냐하면 내가 몇 개라고 말해도 상대방은 이해할 수 없으니까요.

"There is two waters."라고 말을 했다고 합시다. 듣는 사람은 '물'의 모양과 크기를 떠올리겠죠? 그런데 물은 한 개가 정확하게 어느 정도 크기인지 정해져 있지 않아요. 그렇기 때문에 말하는 사람과 듣는 사람은 서로 다른 양을 생각할 가능성이 높습니다. 그래서 나는 물 두 개를 가져다주었는데, 받는 사람은 왜 다섯 개나 가져왔냐고 말할 수 있어요. 결국 나와 상대방이 같은 크기로 말하지 않는 이상 셀 필요가 없다는 말이 됩니다. 그래서 이런 명사들은 cup, glass, loaf(덩어리), sheet(장) 같이 단위가 필요해요.

그러면 왜 이렇게 영어는 몇 개인지를 정확하게 셀 수 있어야 하고, 서로 같은 기준으로 말할 수 있어야 '셀 수 있다'고 하는 걸까요?

영어가 태어난 유럽은 물건을 사고 파는 상업으로 살아가는 문화였기 때문입니다. 물건을 사고팔기 위해 정확하게 몇 개인지 셀 수 있어야 하고, 사는 사람이나 파는 사람이 서로 똑같은 숫자라고 생각할 수 있어야 합니다. 원어민들은 여기서 멈추지 않고, 하나면 a나 an을 붙이고 여러 개이면 꼭 뒤에 -s를 붙이잖아요. 모두 그들이 살아 온 문화에서 나온 특징이라고 할 수 있어요.

PLUS! 더 알아보기

머리카락은 셀 수 있던데요?

보통은 셀 수 없는 명사라도 누구나 몇 개인지 똑같이 셀 수 있다면 '셀 수 있는 명사'입니다.

- A police officer found **a hair** on the floor.
  경찰관 하나가 마루에 떨어진 머리카락 하나를 발견했다.
- David had **a** good **time** with his friends.
  데이빗은 자신의 친구들과 즐거운 시간을 보냈다.

위 예문에서 머리카락과 시간에 관사 a가 붙어 있네요. 셀 수 있다는 말입니다. 여기서 머리카락은 한 올입니다. 한 올의 머리카락은 셀 수도 있고 누가 봐도 하나라고 생각합니다.
데이빗이 행복했던 시간은 친구들과 보낸 시간 바로 그 시간입니다. 딱 정해져 있는 시간이에요. 어떤 명사든지 무조건 못 센다고 생각하는 것은 오해랍니다.

QUIZ 알맞은 정답을 고르세요

1. My uncle collects (stone / stones) as his hobby.
우리 삼촌은 취미로 돌을 모은다.

2. Do you have (a / ×) time to talk?
잠시 얘기 나눌 시간 있니?

3. He ate up 3 (plates / bowls / glasses) of rice.
그는 밥 세 공기를 먹어 치웠다.

4. Could I have 1 more (sheet / piece / slice) of cheese?
치즈 하나 더 먹을 수 있을까요?

5. Who doesn't like (a / ×) peace in the world.
세상에서 평화를 싫어하는 사람이 누가 있을까?

정답 stones, ×, bowls, slice, ×

36

since는 '~때문에'라는 뜻을 어떻게 갖게 되었을까?

1. **Since** King Sejong created Hangul, we have used Hangul.
   세종대왕께서 한글을 창제하신 이래로 우리는 한글을 써왔다.
2. **After** he took off his shoes, he went to the restroom.
   그는 신발을 벗은 후에 화장실로 들어갔다.
3. **Since** mom cooks, dad will do the dishes.
   엄마가 요리를 하기 때문에, 아빠가 설거지를 할 것이다.

since와 after는 비슷한 뜻을 가진 말입니다. since는 '~이래로', after는 '~이후로'라는 뜻입니다. 하지만 since와 after는 중요한 차이가 있습니다. 그 차이점은 무엇일까요?

after와 since의 차이점, 연속성

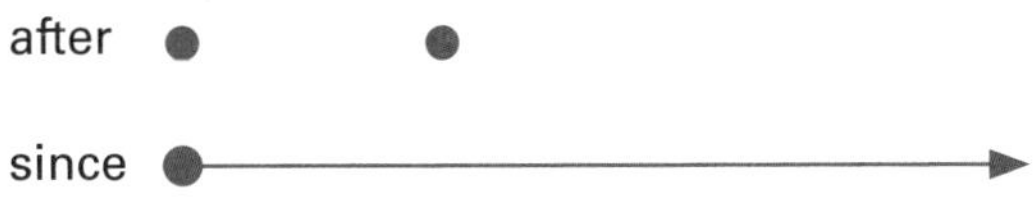

2번 문장에서 after와 함께 쓰인 'he took off his shoes(그가 신발을 벗은 것)'과 그 뒤에 나오는 'he went to the restroom(그가 화장실에 간 것)'은 서로 상관이 없는 일입니다. 신발을 벗으면 무조건 화장실로 가야하는 것은 아니니까요. after는 앞뒤로 일어난 일들을 연결하되 두 일은 서로 상관이 없어요.

since는 옛날 영어 siððan에서 나왔습니다. 이 단어의 뜻은 '그때 이후로 지금까지'입니다. 그렇기 때문에 since는 '앞의 일이 그다음 일까지 이어지고 있다'는 의미가 있어요. 1번 문장에서 세종대왕께서 한글을 창제하신 일이 지금 우리가 한글을 쓰고 있는 일로 이어지고 있어요. 이렇게 since는 앞의 일과 뒤의 일이 연결될 때 쓰는 말입니다.

since를 쓰면 앞에 일어난 일은 이후에 일어난 일의 원인이 됩니

Super Daddy's Tip!

after는 af–와 –ter가 합쳐진 말입니다. af–는 off에서 왔어요. 전치사 off는 '떨어져 있는'이라는 뜻이 있습니다. 그래서 after도 앞의 일과 뒤의 일이 서로 이어지지 않고 떨어져 있는 느낌을 준답니다.

다. 그래서 '~때문에'라는 뜻도 생겼답니다. 다음 예문에 있는 since는 '~때문에'로도 해석할 수 있어요.

- **Since** he was angry, he didn't say anything.
  그가 화가 났기 때문에, 아무 말도 하지 않았다.
- **Since** he left 2 hours ago, he will arrive there soon.
  그는 2시간 전에 출발했으니까, 곧 도착할 것이다.

PLUS! **더 알아보기**

since와 because는 어떻게 구분해 써야 하죠?

1. My teacher always speaks quietly **because her throat hurts.**
   우리 선생님은 목이 아프기 때문에 항상 조용히 말씀하신다.
2. **Since her throat hurts**, my teacher always speaks quietly.
   우리 선생님은 목이 아프기 때문에 항상 조용히 말씀하신다.

만약 여러분이 '선생님은 목이 아프시기 때문이야'라는 이유를 강조하고 싶다면 1번 문장처럼 because를 쓰세요. 반대로 '선생님은 항상 조용히 말씀하신다'라는 결과를 강조하려면 since를 써야 합니다. 이것은 since의 원래 뜻 '~이래로' 때문이에요.
'~이래로'는 '오랜 시간 그렇게 해왔다'는 의미지요? 그렇다면 since와 함께 쓴 이유는 이미 오랫동안 그랬기 때문에 사람들이 다 아는 평범한 이유가 됩니다. 그래서 뒤에 나오는 '선생님이 조용히 말씀하시는 것'이 더 중요하게 됩니다.

QUIZ 알맞은 단어를 고르세요

1. (Since / After) you went out, he came in.
네가 나간 후에 그가 들어왔다.

2. I had more interest in piano, (since / after) I listened to music of Mozart.
나는 모차르트 음악을 들은 이후로 피아노에 관심이 더 많아졌다.

3. (Since / Because) you shouted, he was surprised.
[이유 강조] 네가 소리쳐서, 그가 놀랐다.

4. You could answer the question (since / because) you are wise.
[결과 강조] 너는 현명하니까 그 문제에 대답할 수 있을 거야.

5. I will tell you (since / because) you ask.
[이유 강조] 네가 묻는 거니까 말해 줄게.

정답 After, since, Because, since, because

37

'의무'를 나타내는 조동사는 왜 다른 조동사들보다 많을까?

조동사는 보통 4가지 종류로 보통 나뉩니다.

의도/의지

would – will – be going to (3개)

가능

could – can – be able to (3개)

추측

might – may – must (3개)

의무

should – shall – ought to – had better – have to – must (6개)

그런데 '의무'를 나타내는 조동사는 다른 종류보다 단어 가짓수가 많습니다. 사고파는 문화에서 생겨난 영어는 간단한 것을 좋아하는데, 의무를 나타내는 조동사는 왜 더 많은 걸까요?

1. You **will** finish your homework.
   너는 너의 숙제를 끝낼 거야. 〈의지(예상)〉
2. You **can** finish your homework.
   너는 너의 숙제를 끝낼 수 있어. 〈가능〉
3. You **may** finish your homework.
   너는 너의 숙제를 끝낼지도 몰라. 〈추측〉
4. You **should** finish your homework.
   너는 너의 숙제를 끝내야 해. 〈의무〉

같은 문장을 조동사 종류별로 써 봤습니다. 듣는 사람은 1번, 2번, 3번 문장보다 4번 문장에 더 많은 부담을 느낄 것 같습니다. 왜냐하면 '~을 해야 한다'는 말을 듣는 것이니까요. should가 의무를 나타내는 조동사 중에서 가장 약한 뜻을 가진 단어지만 그래도 '~해

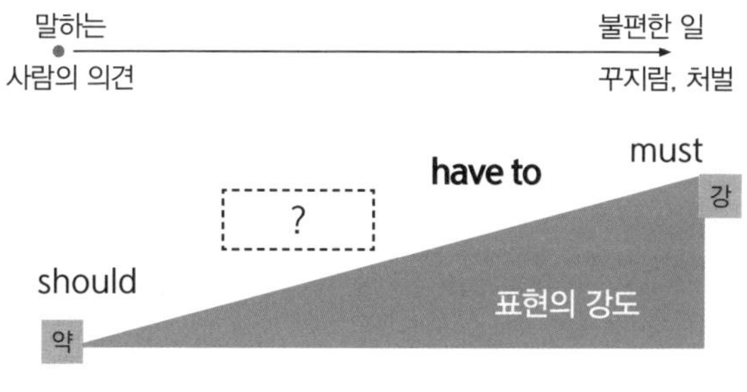

야 한다'는 것을 의미하니까 듣는 사람이 편할 리가 없습니다.

그렇다면 '~해야 한다'고 말하는 사람은 어떨까요? 아무 생각 없이 쉽게 말해도 될까요? 예를 들어 학생이 선생님께 "It's already over 12 o'clock. You must stop your class.(벌써 12시가 넘었습니다. 당신은 수업을 끝내야만 해요!)"라고 말해도 될까요? 틀린 말은 아니지만 들으시는 선생님을 생각하면 단어를 잘 선택해야 하겠지요? "끝내야만 해요!"의 느낌을 주는 must보다는 "수업을 끝내시지요"라는 느낌으로 "You should stop your class." 정도로 조심스럽게 말해야 할 것입니다. 이렇게 말하는 사람도 '~해야 한다'는 의무를 얘기할 때는 조심스럽게 말해야 합니다. 그래서 여러 가지 상황에 딱 맞게 사용할 수 있도록 더 많은 단어가 있는 것입니다.

| 상황에 맞는 조동사 쓰기 |

상황	말하는 사람	듣는 사람	예시	필요한 조동사
아주 약하게 제안할 때	딸	아빠	아빠, TV 다른 거 봐요.	should
도덕적으로 말할 때	엄마	아들	휴지를 아무 데나 버리면 안 되지.	ought to
윗사람이 아랫사람에게 강하게 말할 때	아빠	아들	게임 그만하고 자는게 좋겠다.	had better
의무를 강하게 말할 때	선생님	학생	수학숙제 해야 한다.	have to
벌이 뒤따르는 가장 엄격한 명령	선생님	숙제를 또 안 해온 학생	수학숙제는 꼭 해야만 한다. 마지막 기회야.	must

PLUS! 더 알아보기

"I am supposed to meet Kelly at the library."

(나는 도서관에서 켈리를 만나기로 되어 있다.)

이 문장도 의무의 뜻으로 쓰였나요?

맞습니다. be supposed to도 '의무'로, '그렇게 하기로 되어 있다'라는 뜻입니다. 가운데 있는 suppose는 '예상하다', '생각하다'입니다. 그런데 be supposed는 '(그럴 거라고) 예상되다, 생각되다'라는 뜻이 됩니다.

결국 이 문장은 '나는 켈리를 만날 거라고 예상되는' 상황입니다. 다른 사람들은 내가 켈리를 만날 거라고 생각하는 거죠. 나는 왠지 다른 사람 때문에 켈리를 만나야 될 것 같은 느낌입니다. 이렇게 다른 사람 때문에 내가 해야 하는 것, 그게 바로 '의무'입니다. 그래서 be supposed to도 '의무'에 해당하는 말입니다.

be supposed to는 보통 우리가 습관이나 규칙 등에 의해 정해져 온 것이라는 느낌을 담고 있어서 should보다 강한 의무를 나타냅니다. 하지만 직접적으로 시키는 느낌의 have to보다는 약하니까 중간 정도의 느낌으로 쓰면 좋습니다.

Super Daddy's Tip!

be supposed처럼 앞에 be 동사를 쓰고 뒤에 동사의 과거 분사를 쓴 것이 수동태입니다. 주어가 스스로 하지 못하고 '다른 누군가의 힘으로 된 것'을 말할 때 씁니다. 'I fix a car.'는 내가 자동차를 고쳤을 때 쓰고, 자동차 입장에서는 고쳐진 것이니까 'A car is fixed.'라고 쓴답니다.

QUIZ 알맞은 조동사를 넣으세요

should, ought to, had better, have to, must

1. You (   ) explain it again.
   [학생이 선생님께] 다시 설명해 주세요.

2. You (   ) cross the street on a green light.
   [친구에게] 초록색 불에 길을 건너야 해.

3. You (   ) go back to your classroom.
   [선생님이 학생에게] 그만 교실로 돌아가는 게 좋겠다.

4. You (   ) not drink if you drive.
   [경찰이 남자에게] 운전할 거면 술을 마셔서는 절대 안 됩니다.

5. I (   ) hand it in to our teacher today.
   [친구에게] 나 오늘 이거 선생님께 꼭 제출해야 해.

정답 should, ought to*, had better, must, have to

※ ought는 p.170 아래 표를 참조하세요.

38

had better는 앞으로 할 일을 말하는데 왜 과거형 had를 쓴 걸까요?

- Justin, your mom is coming. You **had better** clean your room.
  저스틴, 네 엄마가 오고 계셔. 네 방을 청소하는 게 좋을거야.
- The exam is next week. You **had better** study hard.
  시험이 다음 주야. 넌 열심히 공부해야 좋을 거야.

had better는 '~하는 편이 좋다'는 뜻의 조동사에요. will, can처럼 동사 앞에 씁니다. 그런데 이상한 점이 있습니다. had better의 had는 분명 have의 과거형입니다. had만 보면 had better는 지나간 이야기를 할 것 같습니다. 그런데 had better는 지금이나 앞으로 할 일을 말할 때 씁니다. 이상하지 않나요?

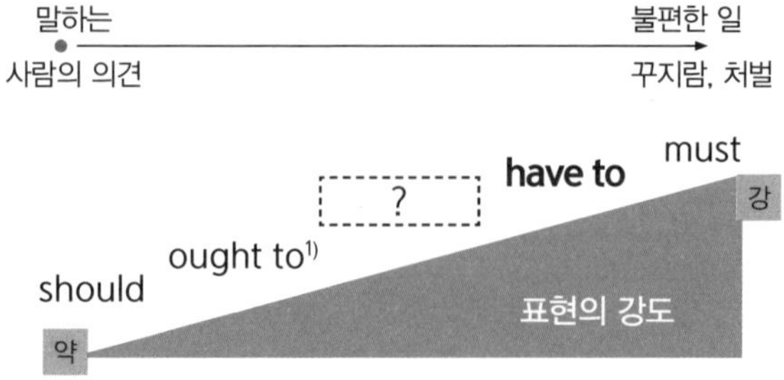

의견에서 처벌까지, 조동사의 세기

의무를 나타내는 조동사는 should, ought to, be supposed to, have to, had better, must가 있습니다. 이 조동사들을 세기가 약한 것부터 강한 것 순서로 줄을 세워 보겠습니다. 여기서 강하다는 것은 그 말대로 하지 않았을 때 꾸지람이나 벌처럼 내가 원하지 않는 불편한 일을 겪게 될 거라는 것을 의미합니다.

had better의 강도는 어느 정도일까요? 결론부터 말하자면 had better는 should보다는 세고 have to보다는 약합니다. 위 그림에서 물음표의 위치가 바로 had better의 위치입니다. should보다 센 이유는 바로 had에 있습니다.

- I have your money.
  나는 네 돈을 가지고 있다.
- I have you study for 2 hours.
  나는 네가 2시간 동안 공부하도록 시킨다.

had는 have의 과거형입니다. have는 '가지다'라는 뜻인데, 물건을 가진 사람은 물건을 마음대로 할 수 있겠죠? 그래서 영어의 역사에서 have는 물건에서 시작해 다른 사람에게 무언가를 시키는 힘을 갖는다는 의미까지 갖게 되었습니다. 그렇기 때문에 기본적으로 느낌이 센 동사죠. 이런 have의 과거형인 had가 있는 had better는 당연히 should보다는 강한 느낌입니다.

이번에는 had better를 have to와 비교해 보겠습니다. had better와 have to에는 둘 다 have가 있어요. 하지만 had better의 had는 과거형이라는 사실! 앞으로 할 일을 말할 때 조동사의 과거형을 쓰면 가능성이 낮은 의미를 갖는다는 점 기억하시나요?(12편 참고) 그러니까 have to보다는 had better가 약한 느낌을 가지게 되죠.

여기에 better도 한 몫을 합니다. better는 '(~하는 편이) 좋을 거야' 라는 뜻이니 '~ 해!'보다 부드러운 느낌을 함께 전달할 수 있겠지요? 결국 had better는 have to를 사용하기엔 너무 세고 should는 너무 약할 때 쓰기에 아주 좋은 표현이랍니다.

Super Daddy's Tip!

사전에 나와 있는 should의 뜻은 '~해야 한다'라서 느낌이 강해 보이지만 실제로는 '~하시죠, ~하시면 어떨까요?' 정도로 약한 느낌을 전달합니다. 그래서 어느 누구에게나 써도 좋답니다.

PLUS! 더 알아보기

그래도 어른에게 쓰면 곤란합니다!

had better가 have to보다 약한 표현이란 것은 맞습니다. 뜻도 '~해도 좋다'니까 부드러워 보여요. 하지만 아무리 부드러워도 had better는 '~하세요'라는 의미가 있어요. 그래서 원어민들은 had better를 자기보다 나이가 많거나 높은 사람에게는 쓰지 않습니다. 상대방의 기분을 나쁘게 할 수 있거든요. 그럴 때는 마음 편하게 should를 써주세요.

Mr. Lee, you **should** help me with this math test questions.
이 선생님, 이 수학 시험 문제 푸는 것 좀 도와주세요.

QUIZ 밑줄 친 곳을 바르게 고치세요

1. You had better to see a doctor.
너는 병원에 가보는 게 좋을 것 같아.
2. Did he have better use pencils?
그는 연필을 사용하는 게 좋을까요?
3. Tommy, you didn't have better touch my new computer.
타미, 너 내 새 컴퓨터 만지지 않는 게 좋을 거야.
4. This is a secret. You had better not to tell anybody.
이건 비밀이야. 다른 사람에게 말하지 않는 게 좋아.

정답 had better see, Had he better, had better not, had better not tell

39

조동사 used to는 어떻게 '~하곤 했다'라는 의미가 되었을까?

1. I **played** baseball with my dad.
   나는 아빠와 야구를 했다.
2. I **used to play** baseball with my dad.
   나는 아빠와 야구를 하곤 했다.

1번 문장처럼 과거 동사(played)를 쓰면 '아빠와 야구를 했다'는 한 번의 사실만을 나타냅니다. 이에 비해 2번 문장은 예전에 여러 번 했다는 의미입니다. 조동사 use(사용하다)에 to만 붙였는데 어떻게 '~하곤 했다'라는 뜻을 갖게 된 걸까요?

'하곤 했다'라는 말에는 두 가지 의미가 있는데, '한동안 했다', '지금은 하지 않는다'입니다. used에는 이 두 가지 의미가 포함되어 있죠.

used의 뜻 ①: 일정 기간 사용했다

used는 형용사로 '익숙한'이란 뜻이에요. 이런 뜻을 갖게 된 이유는 use에 있습니다. use는 잠깐 사용해본 것이 아닙니다. '꽤 긴 시간 동안 사용해보았다'는 뜻입니다. 그렇게 오래 경험해봤기 때문에 익숙해져서 이런 뜻을 가지게 된 것입니다.

use로 만든 또 다른 단어는 usually입니다. 이 단어의 뜻은 '평소에, 보통'입니다. 이 말도 한두 번이 아니라 평소에 규칙적으로 자주 한다는 의미입니다. 그렇다면 이 단어 역시 use가 꽤 긴 시간 동안 사용한다는 의미가 있다는 것을 말해 주네요. use의 '한동안 했다'는 뜻이 결국 used to로 이어진 것이랍니다.

used의 뜻 ②: 지금은 사용하지 않는다

used to의 used는 동사 use의 과거형입니다. 과거형이기 때문에 현재는 '하지 않는다'는 의미도 가지게 되겠지요?

PLUS! 더 알아보기

used to처럼 과거에 한동안 했던 일을 표현하는 would도 같은 뜻일까?

Mark: I **would** go camping with my dad.
나는 아빠와 캠핑을 가곤 했다.

David: I **used to** go camping with my dad.
나는 아빠와 캠핑을 가곤 했다.

used to가 would보다 더 자주 했다는 표현입니다. 그 이유는 used가 가진 '익숙한' 느낌 때문입니다. used to go camping은 '익숙해질 정도로 자주 갔다'는 의미가 되는 것이지요.

QUIZ 밑줄 친 곳을 바르게 고치세요

1. He was used to go to the library.
그는 그 도서관에 가곤 했다.

2. I used to going camping with my dad. (used to는 조동사)
나는 아빠와 캠핑을 가곤 했다.

3. She didn't used to live as poorly as she does now.
그녀는 지금처럼 가난하게 살지 않았다.

4. Did you used to play football with your friends?
너는 친구들과 축구를 하곤 했니?

정답 used to, used to go, didn't use to, Did you use

40

to 부정사, 현재 분사, 과거 분사는 처음에는 없었던 품사라고요?

- Justin **loves playing** baseball.
  저스틴은 야구 하는 것을 아주 좋아한다.
- Kayla **likes to drink** an ice water.
  케일라는 찬 물 마시는 것을 좋아한다.
- Allison **had** her room **cleaned.**
  앨리슨은 자신의 방을 청소했다.

한 문장에 동사가 있는데 또 동사를 써야 하면 두 번째 나온 동사의 모양을 바꿉니다. 듣는 사람이 어느 것이 진짜 동사인지 헷갈리지 않게 하기 위함이죠. 이렇게 동사의 모양을 바꾼 to 부정사, 현재 분사, 과거 분사를 준동사라고 합니다. 그런데 이 준동사는 처음부터 있었던 품사가 아니란 사실, 알고 계셨나요?

준동사의 탄생

유럽 최초로 문법을 만든 사람은 기원전 2세기경에 살았던 그리스 문법학자 디오니소스 트랙스(Dionysius Thrax)로 8품사란 말을 처음 쓴 사람입니다. 디오니소스는 라틴어 문법을 정리했는데 이때 정리한 문법의 체계는 유럽에서 생긴 모든 언어에 영향을 주었습니다. 영어도 마찬가지로 영향을 받았죠. 그런데 이 8품사에는 준동사가 없었습니다.

준동사인 to 부정사, 현재 분사, 과거 분사가 나온 것은 프랑스가 영국을 다스렸을 때부터입니다. 무슨 이유로 갑자기 없던 품사가 생긴 걸까요? 그것은 영국과 다른 프랑스 사람들의 생각 때문이었습니다. 생각하는 방식인 철학만 보더라도 프랑스는 '과정' 또한 중요하게 생각했습니다.

영국과 프랑스의 철학

England	France
경험론적 철학 전통	**합리론적** 철학 전통
다른 무엇보다 경험을 중시	**경험보다는 이성과 논리를 중시**
• 과정이 어찌 되었건 일의 결과를 중시한다.	• 일의 결과를 따지기 전에 일의 과정을 중시한다.

프랑스의 식사 문화

1 보통 식사는 무려 **12단계**

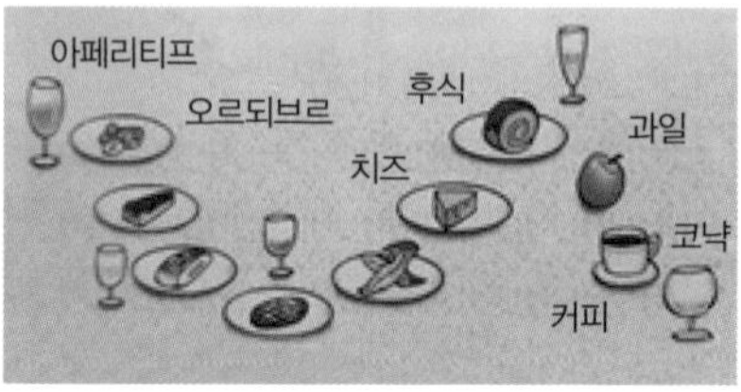

2 가난한 집도 적어도 **4단계**

출처: 이원복, 《먼나라 이웃나라: 프랑스 편》, 고려원, 1996

과정을 중시한 프랑스 사람들의 문화는 식사에도 잘 나타납니다. 이렇게 과정을 중요하게 여기기 때문에 언어도 '과정'에 대해 말하는 품사가 필요했던 것이죠.

	동사			준동사		
공통점	**세 가지로 표현한다**					
	• 과거	했다	called	• 완료	끝냈다	called
	• 현재	한다	call	• 진행	하는 중이다	calling
	• 미래	할 것이다	will call	• 계획	할 것이다	to call
차이점	**시간**을 표현			**과정**을 표현		

앞으로 할 예정을 표현하고 싶을 때 동사 앞에 to를 붙여 to 부정사를 만들었습니다. 이미 끝낸 일은 과거니까 과거 어미 -ed를 붙여 과거 분사, 하고 있는 일은 -ing를 붙여 현재 분사를 만들었답니다.

PLUS! 더 알아보기

to 부정사의 to가 왜 앞으로 할 예정을 의미하나요?

to 부정사의 to는 우리가 아는 바로 그 전치사 to입니다. 앞으로 갈 곳을 나타내지요.

I go to school. 나는 학교에 갑니다.

전치사 to에 동사를 쓰면 어떻게 될까요? '앞으로 할 일'이 된답니다.

I want to go there. 나 거기 가기를 원해.

이렇게 전치사 to를 써서 앞으로 할 일을 표현하는 것이 to 부정사입니다.

-ing는 왜 '하고 있는' 진행의 의미인가요?

프랑스어에서 동사에 -ende를 붙이면 진행형이 됩니다. 이 -ende가 영어의 -ing로 변했답니다. 물론 뜻은 그대로 '진행'이지요. come을 예로 들면 다음과 같습니다.

어미 변화: -ende → -inde → -ing

example) comende → cominde → coming

QUIZ 알맞은 단어를 고르세요

1. We are planning (go / to go / going) to the amusement park this Saturday.
우리는 이번 토요일에 놀이공원에 가려고 계획 중이다.

2. When do you finish (study / to study / studying) for the test?
언제 시험 공부하는 것이 끝나니?

3. His car was (fixed / fixing / to fix).
그의 차는 수리되었다.

4. My grandpa expects (go / to go / going) to the Jeju Island.
우리 할아버지는 제주도에 가는 것을 기대하고 계신다.

5. Please enjoy (have / to have / having) dinner with me.
저와 함께 저녁식사를 즐기시죠.

정답 to go, studying, fixed, to go, having

41

부사의 왕,
빈도 부사

왕은 자기가 앉는 자리인 '왕좌'가 항상 정해져 있습니다. 그렇게 볼 때 부사의 왕은 빈도 부사라고 생각합니다. 왜냐하면 부사 중에서 유일하게 빈도 부사만 문장에서 자기 자리가 정해져 있기 때문이지요. 그러면 어떻게 빈도 부사는 왕이 되었을까요?

Super Daddy's Tip!

빈도 부사는 '얼마나 자주 하는지'를 나타내는 단어입니다. 빈도 부사를 정도에 따라 배열하면 다음과 같아요.

빈도부사 종류	always	usually	often	sometimes	seldom	rarely	never
	항상	보통	자주	가끔	좀처럼 X	거의 X	결코 X
자주 하는 정도	100%	90%	80%		20%	5%	0%

He speaks Chinese fluently.

① ② ③ ④

그는 중국어를 유창하게 말한다.

영어로 문장을 만들 때 없어서는 안 되는 품사는 명사와 동사예요. 명사와 동사는 생략하거나 자리를 바꾸면 말하려는 뜻이 완전히 달라지거든요. 위 문장에서 명사(1, 3번)와 동사(2번)를 한번 바꿔 보겠습니다.

- (명사 자리 바꾸기) Chinese speaks he. 중국어가 그를 말한다.
- (동사 생략) He Chinese. 그는 중국어.
- (동사 자리 바꾸기) Speaks he Chinese.

이렇게 문장의 중요한 뜻을 담고 있는 명사와 동사는 생략하지도 않고 위치를 바꾸지 않아요. 하지만 부사는 사정이 다릅니다. 부사

무엇을 꾸미나?		부사의 위치
동사	He speaks Chinese fluently. 그는 중국어를 유창하게 말한다.	[동사 뒤]
형용사	The car was so fast. 그 차는 아주 빨랐다.	[형용사 앞]
부사	He came back home too early. 그는 너무 일찍 집에 돌아왔다.	[부사 앞]
문장	Luckily, James could buy the last bread. 운좋게 제임스는 마지막 빵을 살 수 있었다.	[문장 앞]

부사의 위치는 꼭 정해져 있지 않다!

는 다른 단어를 '꾸며 주는 말'이라서 없어도 됩니다. 아니면 꾸며줄 단어에 따라 위치가 변해요. 그렇지만 빈도 부사는 다릅니다. 명사와 동사처럼 중요한 단어입니다. 그 이유는 빈도 부사는 행동을 얼마나 '자주' 하는지를 알려주기 때문입니다.

- I **tell** you a lie.
  나는 너에게 거짓말을 한다.
- I **never tell** a lie.
  나는 결코 거짓말을 하지 않는다.

위 예문은 '거짓말을 한다'지만 never가 있으니까 정반대의 뜻으로 '거짓말을 결코 하지 않는다'가 됩니다. never와 같은 빈도 부사가 있는지 없는지의 차이는 듣는 사람에게는 그야말로 하늘과 땅의 차이예요. 이렇게 빈도 부사는 명사나 동사만큼 중요하기 때문에 자기의 정해진 자리가 있답니다.

- [부사] He speaks Japanese **well.** (동사 뒤)
  그는 일본어를 잘한다.
- [빈도 부사] He **often** speaks Japanese with his friends. (동사 앞)
  그는 자주 친구들과 일본어로 말한다.

부사는 동사를 꾸밀 때 보통 동사 뒤에 씁니다. 하지만 빈도 부사는 항상 동사 앞에 써요. 동사보다 앞에 쓴다는 것은 '동사보다 중요하다'는 뜻입니다. 듣는 사람 입장에서는 사실 '항상 한다, 결코 안

한다, 자주 한다(빈도 부사)'는 뜻이 '무엇을 하는지(동사)'보다 중요할 수 있으니까요.

be 동사와 함께 쓸 때 빈도 부사의 위치

9편에서 왜 be 동사만 뒤에 not이 오는지 생각해 봤습니다. 다른 동사들은 not이 다 그 앞에 오는데 be 동사만 뒤에 not이 왔었습니다. 그렇다면 빈도 부사는 be 동사와 함께 어떻게 쓸까요?

- He did **not** have money.
  그는 돈이 없었다.
- He is **not** happy.
  그는 행복하지 않다.
- He is **sometimes** happy.
  그는 때때로 행복하다.

빈도 부사도 not처럼 be 동사 뒤에 씁니다. 빈도 부사도 꾸며 주는 말이라서 '진짜 뜻을 가진 말'을 꾸며 줍니다. 하지만 be 동사는 뜻이 약하잖아요? 그러니까 뜻을 가진 happy를 꾸며 주기 위해 happy 앞에 오는 것이지요. 빈도 부사도 not처럼 이렇게 묶어서 생각해 주세요.

- He [is sometimes] happy. (×)

- He is [sometimes happy]. (○)

PLUS! 더 알아보기

조동사가 있으면 빈도 부사는 어디로 가지요?

You can **sometimes** take a subway.
당신은 때때로 지하철을 탈 수 있어요.

조동사는 be 동사처럼 뜻이 강하지 않습니다. 조동사가 문장에 있다면 빈도 부사는 do 동사 앞에 써주세요.

QUIZ 빈도 부사 always가 들어갈 곳을 찾아주세요

1. Thomas ① is ② kind ③ to his frends ④.
   토마스는 친구들에게 항상 친절하다.
2. Jake ① speaks ② loud ③.
   제이크는 항상 크게 말한다.
3. You ① can ② ask ③ me ④ to help.
   당신은 항상 내게 도움을 요청할 수 있어요.
4. Susan ① goes ② to ③ the museum ④ these days.
   수잔은 항상 이런 날에는 박물관에 간다.
5. Those flowers ① are ② so ③ pretty.
   저 꽃들은 항상 예쁘다.

정답 2, 1, 2, 1, 2

42

왜 현재 진행형으로도 미래를 표현할 수 있을까요?

Mom: **Are you working** now?

지금 일하고 있어요?

Dad: Of course. It's 2 P.M.

물론이죠. 오후 2시잖아요.

Mom: Then, **are you working** tomorrow? It's Saturday.

그럼 내일도 일해요? 토요일인데.

Dad: Unfortunately, **I am.** 불운하게도 일해요.

위 대화에서 아빠는 토요일에도 일을 해야 하나 봐요. 엄마가 단단히 화가 날 것 같아요. 그런데 엄마는 지금 일하고 있는지와 내일 일하는지를 모두 현재 진행형으로 물어봤어요. 아빠도 내일 일한다는 말을 "I am (working)" 현재 진행형으로 대답하고 있네요.

'현재 진행형'은 현재 하고 있거나 진행되고 있는 일을 말할 때 사용합니다. 그런데 왜 내일 일하는지도 현재 진행형으로 물어보는 걸까요?

계획은 이미 진행 중

22편에 나온 be going to를 기억하시나요? would, will과 비슷하게 앞으로 할 일을 표현하는 조동사죠. be going to는 will과 뜻이 비슷하지만 더 확실할 때 쓰는 표현이라 설명했습니다. 그 이유는 I am going 때문이었습니다. 내일 일하려고 이미 (계획이) 가고 있다는 뜻이기 때문이죠.

I am going to work tomorrow.
나는 내일 일할 계획이다.

현재 진행형도 같은 이유로 미래를 표현할 수 있습니다. 그렇지만 'Are you working tomorrow?'는 내일 일할 '계획'이 이미 진행되고 있냐는 질문이 됩니다.

will과 현재 진행형의 차이점

1. I **will** work tomorrow.
   나는 내일 일할 것이다.
2. I **am working** tomorrow.
   나는 내일 일할 계획이다.

그러면 위 두 표현의 차이는 무엇일지도 생각해 볼까요? 1번 문장은 내일에 대한 지금의 생각입니다. 아직 정해진 것은 없지만 그럴려고 한다는 것이죠. 그렇지만 2번 문장은 내일 일하도록 계획이 '진행 중'이라는 말이 됩니다. 그렇기 때문에 2번 문장과 같이 이야기하면 내일 일할 가능성이 더 높다는 느낌을 전달하게 됩니다.

PLUS! **더 알아보기**

상황에 따라 미래를 표현하는 방법

미래를 표현하는 방법은 크게 다섯 가지가 있습니다. would, will, be going to, 현재 진행형, 현재형. 이 다섯 가지를 계획한 일이 일어날 확률에 따라 구분해서 쓰세요. 일어날 확률이 낮으면 would, 그보다 높으면 will입니다. 계획이 있는 경우 중에서 거의 확실한 경우는 be going to와 현재 진행형을 비슷하게 쓰셔도 됩니다. 단 아주 확실한 경우는 현재 동사를 써주세요!

QUIZ 앞으로의 일을 표현할 때 쓸 수 없는 문장을 고르세요

1. Do you study in the library next week?
   다음 주에 도서관에서 공부하니?
2. Would you study in the library next week?
   다음 주에 도서관에서 공부할래?
3. Are you going to study in the library next week?
   다음 주에 도서관에서 공부할 거야?
4. Have you studied in the library next week?
   다음 주에 도서관에서 공부했니?
5. Will you study in the library next week?
   다음 주에 도서관에서 공부할 거니?

정답 4번 문장

43

남을 시키는 동사는 뒤에는 왜 동사 원형을 쓸까요?

1. Her mom always wants her **to sleep** early.
   그녀의 엄마는 항상 그녀가 일찍 자기를 원한다.
2. My teacher expected me **to answer** the question.
   내 선생님은 내가 그 질문에 대답하기를 기대하셨다.
3. The police officer has people **wait** in the line.
   그 경찰관은 사람들이 줄 서서 기다리도록 했다.

want(원하다), expect(기대하다), had(하게 하다)는 다른 사람이 일을 하도록 부탁하거나 시킬 때 쓰는 동사들입니다. 이런 동사가 나오면 주어는 말하기만 하고 목적어가 행동합니다. 그런데 왜 3번 문장은 1, 2번 문장과 다르게 to sleep, to answer와 같이 목적어 뒤에 to 부정사를 쓰는데 3번 문장에서는 to를 빼고 wait만 쓰고 있습니다. 왜 그렇게 하는 걸까요?

같은 말도 부드럽게, 부담스럽게

'나는 네가 100점 맞기를 원해' vs. '나는 네가 100점 맞게 만들 거야'

같은 내용이라도 동사에 따라 듣는 사람의 부담은 달라집니다. 우리말처럼 영어도 시키는 동사들의 세기가 각각 다릅니다. 준동사는 앞에 동사가 이미 나왔기 때문에 모양을 바꿔준 것이라고 했죠? 남을 시키는 동사들이 있는 문장도 그렇습니다. 요청하는 동사가 나오면 '무엇을 할지'를 나타내는 동사가 꼭 나와야겠지요? 일단 앞에

Super Daddy's Tip! 요청 동사와 사역 동사

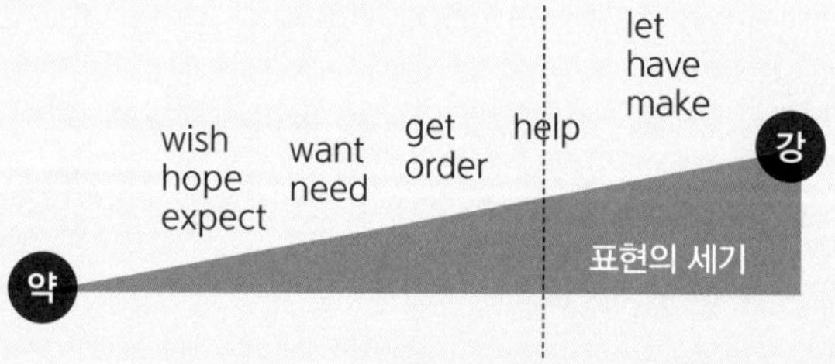

expect, want, need처럼 말하는 사람이 듣는 사람에게 부드럽게 요청하는 동사를 요청 동사라고 해요. 이와 다르게 강하게 요청하는 동사 let, have, make를 사역 동사라고 합니다. '사역'은 남에게 일을 하도록 명령한다는 뜻이에요.

동사가 한 번 나와서 동사를 그냥 쓸 수 없으니 준동사를 씁니다. 준동사 중에서도 앞으로 해야 할 일이니까 'to 부정사'를 사용합니다.

Her mom always wants her **sleep** early. (×)
→ 동사가 두 번 → 두 번째 동사 모양 바꾸기(준동사)
→ Her mom always wants her **to sleep** early. (○)

그렇지만 요청하는 동사 중에서도 사역 동사가 나오면 이야기가 달라집니다. let, have, make는 다른 동사에 비해 듣는 사람에게 '아주 강하게' 말하는 표현입니다. 너무 강하게 요구하면 듣는 사람은 이 말을 '꼭 해야 하는 일', 즉 사실이라고 생각하게 돼요. '사실'일 때 동사는 현재를 쓴다는 말이 기억하시나요? (14편 참고)

The police officer had people **to wait** in the line. (×)
→ The police officer had people **wait** in the line. (○)

경찰관 아저씨는 '줄 서서 기다려 주기를 바랍니다'가 아니라 '줄 서서 기다리게 (강제로) 했다'입니다. 동사 have를 보는 순간 왠지 '줄 서서 기다리는 것'이 당연한 사실로 느껴지지 않나요? 당연한 사실이라서 to wait 대신 wait을 씁니다. to wait은 '앞으로의 일'을 나타내기 때문에 '어떻게 될지 모른다'는 불확실한 느낌을 줍니다.

이렇게 강한 느낌으로 다른 사람을 시키는 동사에는 let, have, make가 있습니다. 약한 순으로 let(~하도록 허용하다), have(~하게 하다), make(~하게 만들다)입니다. 강도 차이는 있지만 기본적으로 모두 강한 동사예요. 이 세 동사가 문장에 나오면 다음에 나오는 동사는 꼭 원형을 써주세요.

- They **let** their children **watch** TV on weekends.
  그들은 자녀들이 TV를 주말에 보게 한다.
- She **has** her son **sleep** at 9 o'clock.
  그녀는 아들을 9시에 자도록 시킨다.
- The fire fighters **made** people **get** out of the burning building.
  소방관들은 사람들을 불타는 건물에서 빠져 나오도록 했다.

QUIZ 알맞은 단어를 고르세요

1. Brian wants his dad (to play / play) with him.
   브라이언은 아빠가 자신과 놀아주기를 원한다.
2. Kate made me (to cry / cry).
   케이트는 나를 울렸다.
3. Do you expect him (to become / become) a scientist?
   그가 과학자가 되길 기대하니?
4. My mom always has me (to sleep / sleep) before 10 o'clock.
   엄마는 항상 내가 10시 전에 자도록 시킨다.
5. George let his friends (to visit / visit) his house.
   조지는 친구들이 자신의 집을 방문하게 했다.

정답 to play, cry, to become, sleep, visit

44

help는 왜 목적보어로 to 부정사와 동사 원형을 모두 쓸 수 있는 걸까요?

1. Jake helped me **to study** English.
   제이크는 내가 영어를 공부하도록 도와주었다.
2. Jake helped me **study** English.
   제이크는 내가 영어를 공부하도록 도와주었다.
3. Jake wanted me **to study** English.
   제이크는 내가 영어를 공부하기를 원한다.

1번, 2번 문장 중에서 맞는 문장은 어떤 것일까요? 정답은 '둘 다 맞다'입니다. help는 want나 make처럼 남을 시키는 동사입니다. 그런데 오직 help만 목적보어로 to 부정사(to study), 동사 원형(study)을 모두 쓸 수 있어요.

Super Daddy's Tip!   목적 보어란?

목적 보어에서 '목적'은 목적어예요. '보어'는 '보충해 주는 말'입니다. 즉 목적 보어는 '목적어를 보충해주는 말'입니다. 목적 보어는 목적어의 상태나 해야 할 일을 보충해 설명합니다. 앞의 예문에서 to study나 study는 목적어인 me가 해야 될 일을 보충하고 있어서 목적 보어랍니다.

help만의 특별한 비밀

A: Mom, my grade in English is 95.

엄마 저 영어에서 95점 맞았어요.

B: Great! You told me you would not study hard.

잘했네! 너 공부 열심히 안 한다고 했잖아.

A: I would not. But Jake stayed with me and **helped me study it.**

안하려고 했었죠. 그런데 제이크가 제 옆에 있으면서 공부하도록 도와줬어요.

친구를 잘둔 덕분에 좋은 점수를 받았네요. 우리도 이런 경우가 있어요. 원래 안 하려고 했는데 옆에서 '도와줘서 안 할 수가 없는' 경우 말이죠. 바로 여기에 help가 목적 보어로 to 부정사와 동사 원형을 모두 쓸 수 있는 이유가 담겨 있습니다.

요청 동사인 want는 말하는 사람이 그저 '하면 좋겠네'라고 말만 하는 느낌을 가집니다. 이에 비해 help는 실제로 도와주는 것이지요. 듣는 사람은 고맙기도 하지만 부담스럽기도 하겠지요? 그래서 help는 요청 동사보다는 '센' 느낌이 있어요. 그렇지만 help는 let,

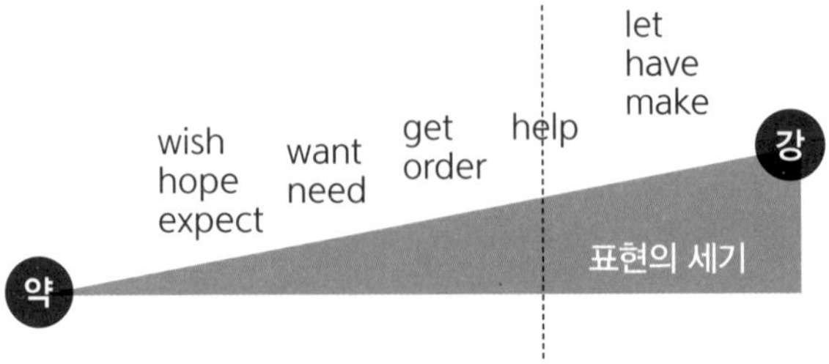

have, make처럼 강하게 '하도록' 만드는 동사는 아닙니다. 이렇게 볼 때 help는 요청 동사 같기도 하고 사역 동사 같기도 합니다. 그래서 help를 가리켜 준사역 동사라고 합니다. 사역 동사 같지만 사역 동사는 아닌 것이죠. help가 요청 동사와 사역 동사의 중간 정도 위치에 있기 때문에 목적 보어도 요청 동사일 때 쓰는 to 부정사와 사역 동사일 때 쓰는 동사 원형을 둘 다 쓰는 것이랍니다.

QUIZ 들어갈 수 없는 말을 고르세요

1. He always helps me (to cross / cross / crossing) a road.
   그는 항상 내가 길을 건너도록 도와준다.

2. Can you help my son (to move / move / moving) the big stone?
   내 아들이 큰 돌을 옮기는 것을 도와주겠니?

3. I have to help my wife (to learn / learn / learning) driving a car.
   나는 내 아내가 자동차 운전하는 것을 배울 수 있게 도와야 한다.

정답 crossing, moving, learning

45

왜 -thing으로 끝나는 명사는 형용사가 뒤에 오는 걸까?

1. There are **beautiful** flowers.
   아름다운 꽃들이 있다.
2. He has **special** skills.
   그는 특별한 기술들이 있다.
3. He has something **special**.
   그는 특별한 것이 있다.

beautiful과 special은 형용사입니다. 뒤에 오는 명사 flowers와 skills를 꾸며 주는 역할을 합니다. 그래서 형용사는 문장에서 명사보다 앞에 옵니다. 그런데 3번 문장에서 형용사 special은 명사인 something의 앞이 아니라 뒤에 왔어요. 왜 그런지 알고 있나요?

some thing과 something의 차이

옛날 영어에서 something은 'some thing'이었어요. 두 단어 사이를 띄어 썼답니다. 그러다가 200년 전부터는 something으로 붙여 쓰면서 하나의 명사가 된 것이지요. 그렇다면 some과 thing을 떼어 놓고 썼을 당시에는 형용사는 어디에 썼을까요?

1. She found **some fresh** thing.
   그녀는 몇몇 신선한 것을 발견했다.
2. She found **fresh some** thing.
   그녀는 몇몇 신선한 것을 발견했다.

바로 1번 문장과 같이 썼답니다. 그 이유는 some은 형용사가 아니라 한정사이기 때문입니다.

Super Daddy's Tip! 한정사?

한정사는 형용사 중에서 '물건을 사고 팔 때' 필요한 형용사들입니다. 한정사에는 셀 수 있는지를 말해주는 관사(a, an), 어느 것(이것, 저것)인지를 말해주는 지시대명사(this, that), 몇 개가 있는지를 알려주는 수량 형용사(some, any, many)가 있습니다.

한정사는 물건을 사고팔 때 필요한 말들이어서 다른 형용사보다 중요하지요. 사는 사람은 물건이 '좋다(good), 예쁘다(pretty), 싸다(cheap)'는 것도 중요하지만, 물건이 몇 개 있는지가 더 중요하니까요. 그래서 한정사가 형용사보다 앞쪽에 위치합니다. 이해를 돕기 위해 some과 같은 한정사인 관사로 예를 들어보겠습니다.

- She found a fresh apple. (○)
- She found fresh an apple. (×)

관사 an을 형용사 뒤에 놓으면 어색하죠? 한정사는 이렇게 형용사 앞에 위치해야 합니다. 그런데 some과 thing을 붙여 쓰기 시작하면서 사람들은 'something'이 나오면 형용사를 어디에 쓸지 고민에 빠졌을 것입니다. some과 thing을 띄어 쓸 때는 한정사 some 뒤에 형용사를 넣었는데, 이제 some과 thing이 붙었으니 가운데에 들어갈 수 없게 된 것이죠. 그래도 형용사는 한정사 some 앞에 쓸 수 없으니 something 뒤로 가게 된 것입니다. something special처럼요.

PLUS! **더 알아보기**

something과 비슷한 anything, someone, anybody도 형용사가 뒤에 나오나요?

맞습니다. 앞에 한정사 some이나 any가 왔으니 같은 원리로 형용사를 뒤에 쓰지요.

- I like **anything strong.**
  나는 강한 것 아무거나 좋다.

- He wants to meet **someone clever.**
  그는 누군가 현명한 사람을 만나기를 원한다.

QUIZ 알맞은 단어를 고르세요

1. There is (wrong something / something wrong) with my TV.
   내 TV가 무언가 잘못되었다.

2. I am bored. Is there (fun anything / anything fun)?
   나 심심해. 재미있는 것 좀 있을까?

3. I saw (strange someone / someone strange) sit on the bench.
   나는 이상한 사람이 벤치에 앉아 있는 것을 보았다.

4. Cathy always wants to buy (cute something / something cute).
   캐시는 항상 뭔가 귀여운 것을 사기를 원한다.

5. Today is my birthday. I want (special something / something special) for dinner.
   오늘은 내 생일이야. 저녁으로 뭔가 특별한 걸 원해.

정답 something wrong, anything fun, someone strange, something cute, something special

46

지각 동사는 목적 보어로 왜 동사 원형을 쓰는 걸까?

지각 동사는 다른 사람이 한 일을 보고, 듣고, 맛보고, 냄새 맡고, 느끼는 동사입니다. see, hear, taste, smell, feel같은 단어들이죠. 이들이 나오면 뒤에 나오는 목적 보어는 동사 원형을 써야 합니다. 동사 두 개가 보이니 헷갈리지 않냐구요? 맞습니다. 그렇지만 꼭 그럴 만한 이유가 있습니다.

- I **was** in the library **to read** books.
  나는 책을 읽으려고 도서관에 있었다.
- Kayla **likes listening** to music.
  케일라는 음악을 듣는 것을 좋아한다.

앞 문장에서도 보듯이 영어에서는 앞에 동사(was, likes)가 있는데 다른 동사가 또 나오면(read, listen) 동사의 모양을 바꿔 줍니다. 그것이 준동사입니다. 그런데 지각 동사가 앞에 나오면 뒤에 오는 동사는 준동사를 쓰지 않고 원래 모양, 즉 동사 원형을 씁니다.

1. I saw / him **walk** in the park.
   나는 그가 공원에서 걷는 것을 보았다.
2. I heard / him **cry**.
   나는 그가 우는 것을 들었다.
3. I felt / her **cry**.
   나는 그녀가 우는 것을 느꼈다.

지각 동사를 쓴 문장들을 둘로 나누어 봤습니다. 문장의 앞쪽 부분은 누가 보고 들었는지를 말해 줍니다. 문장의 뒤쪽 부분은 실제로 누가 '무엇을 했는지'를 말합니다.

1번 문장을 해석하면 '나는 보고', '그는 걸었습니다'입니다. 그럼 내가 본 '그가 걸은 것은' 실제로 일어났던 사실이네요. 말하는 사람이 보고, 듣고, 맛보고, 냄새 맡고, 느낀 것이니까 틀림없는 사실이겠죠? 우리는 사실을 나타낼 때 '현재' 동사를 쓴다고 했습니다. 그래서 지각 동사가 나오면 뒤에는 '사실'이라는 것을 나타내기 위해 현재형, 즉 동사 원형을 쓰는 것이 자연스러운 것입니다.

PLUS! 더 알아보기

지각 동사가 있는 문장에서 두 번째 오는 동사를 '~ing'로 쓰기도 하잖아요

1. Tom felt someone **come.**
   톰은 무언가 다가오는 것을 느꼈다.
2. Tom felt someone **coming.**
   톰은 누군가 다가오고 있는 것을 느꼈다.

그 이유는 '생동감' 때문입니다. 1번 문장은 '누군가 온 것', 즉 이미 끝난 일이라는 느낌을 주지요. 2번 문장처럼 동사에 -ing을 붙인 현재 분사를 쓰면 누군가 지금 막 다가오고 있는 느낌이 납니다. 추리소설 같은 글에서 2번 문장처럼 쓰면 읽는 사람이 더 생생한 긴장감을 느낄 수 있겠지요?

지각 동사 뒤에 to 부정사는 왜 못 쓰는 건가요?

지각 동사는 이미 혹은 지금 보고, 듣고, 느낀 것이지요. 그렇기 때문에 앞으로 일어날 일을 의미하는 to 부정사는 쓸 수 없답니다.

QUIZ 들어갈 수 없는 말을 고르세요

1. Jean heard his mom (to sing / sing / singing) songs.

   진은 엄마가 노래 부르는 것을 들었다.

2. They watched cats (to fight / fight / fighting).

   그들은 고양이들이 싸우는 것을 지켜보았다.

3. July smelled something (to burn / burn / burning).

   줄리는 뭔가 타는 냄새를 맡았다.

4. I felt a dog (to follow / follow / following) me.

   나는 개 한 마리가 나를 따라오는 것을 느꼈다.

5. Eric heard his dad (to get / get / getting) into his room.

   에릭은 아빠가 그의 방에 들어가는 소리를 들었다.

정답 to sing, to fight, to burn, to follow, to get

47

suggest는 '앞으로 할 일을 제안하다'인데 왜 뒤에 동명사가 올까요?

1. Do you want **to take** a nap?
   당신은 낮잠 자기를 원하나요?
2. David planned **to go** camping.
   데이빗은 캠핑 가는 것을 계획했다.
3. Steve suggests **doing** homework together.
   스티브는 함께 숙제하자고 제안했다.

1번, 2번 문장에 있는 want, plan처럼 '앞으로 벌어질 일'을 말하는 동사들은 뒤에 to 부정사를 씁니다. to 부정사는 '예정'의 느낌을 가지고 있어서 서로 잘 어울리기 때문이죠.

그런데 suggest는 '앞으로 할 일을 제안하다'인데 뒤에 to 부정사가 아니라 동명사와 함께 씁니다. 왜 그런 걸까요?

느낌이 서로 다른 '전하는 동사들'

다른 사람에게 무언가를 해보라고 권하는 동사에는 suggest 외에도 propose(제안하다), recommend(추천하다), advise(조언하다) 등이 있어요. 이 동사들은 뜻은 비슷하지만 뒤에 오는 준동사가 서로 다릅니다.

- I recommend you **to eat** apple.
  나는 네가 사과를 먹을 것을 추천한다.
- I advise you **to eat** apple.
  나는 너에게 사과를 먹으라고 충고한다.
- I suggest you **eating** apple.
  나는 너에게 사과를 먹자고 제안한다.
- I propose you **eating** apple.
  나는 너에게 사과를 먹으라고 제안한다.

이런 차이는 동사의 느낌에서 옵니다. suggest나 propose는 '사과를 먹어보자'고 적극적으로 권하는 동사입니다. 이에 비해 recommend와 advise는 '사과를 먹는 것이 괜찮을 것 같아'라고 자기 생각을 조심스럽게 말하는 것이지요.

이런 느낌의 차이는 eating과 to eat으로 이어집니다. 진행형은 좀 '더 확실한 미래'를 말한다는 것을 배웠어요. 이미 진행되고 있

Super Daddy's Tip!　suggest가 적극적으로 제안하는 뜻인 이유

suggest는 sug-(아래로) + gest(던지다)를 합친 말이에요. 자기가 생각했던 아이디어를 아래로 꺼내 상대방에게 내민다는 뜻이지요. gest가 주는 '던지다'의 느낌을 생각해 보면 suggest가 왜 적극적으로 제안한다는 말인지 이해가 되지요?

는 일이니까 이루어질 가능성이 높은 것이지요. 그래서 eating은 to eat보다 더 강하고 확실한 느낌을 줍니다. suggest나 propose와 잘 어울리죠.

반대로 to eat은 '앞으로 일어날 일'이니까 '불확실하다'라는 느낌이 됩니다. 그래서 적극적으로 제안하는 suggest와 맞지 않습니다. recommend나 advise와 더 잘 어울려요.

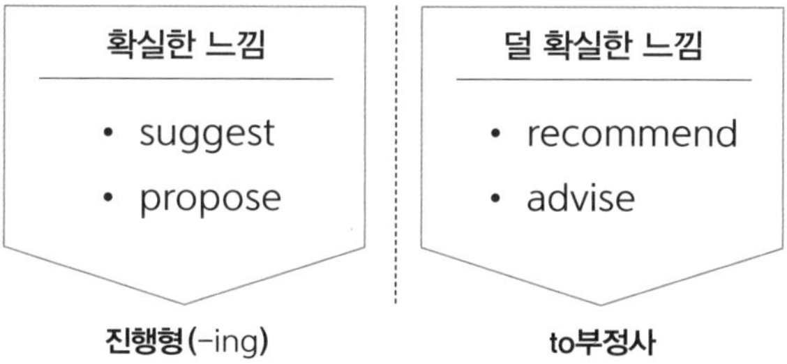

QUIZ 알맞은 단어를 고르세요

1. I was so tired. So, I wanted (take / to take / taking) a rest.
   나는 아주 피곤했다. 그래서 좀 쉬기를 원했다.

2. Do you need (eaten / to eat / eating) some more meat?
   고기 좀 더 드실래요?

3. I suggested (bought / to buy / buying) a new computer.
   나는 새 컴퓨터를 사자고 제안했다.

4. I recommend you (visited / to visit / visiting) Busan.
   나는 당신에게 부산을 방문할 것을 추천합니다.

5. I would like to advise you (seen / to see / seeing) a doctor.
   나는 너에게 진찰 받으라고 조언하고 싶다.

정답 to take, to eat, buying, to visit, to see

48

to 부정사는 왜 의미상의 주어로 for나 of를 쓰는 거죠?

1. I bought the piano **for her** to play.
   나는 그녀가 연주할 피아노를 샀다.
2. It was so kind **of him** to carry my box.
   그가 내 상자를 옮겨 준 것은 참 친절한 일이다.

1번 문장에서 피아노를 연주한 것은 나(I)일까요? 아닙니다. I는 피아노를 샀을뿐 연주한 것은 그녀(her)입니다. 누가 연주했는지 듣는 사람이 헷갈리지 않으려면 to play도 주어가 필요하겠네요. 그래서 'for her'와 'of him'을 '의미상의 주어'라고 부릅니다. 주어면 주어지 '의미상의 주어'는 무엇일까요? 그리고 2번 문장처럼 의미상의 주어 앞에는 전치사 for뿐 아니라 of를 붙여야 할 때도 있습니다.

	의미	❶ 이름 바꾸기	+ ❷ 모양 바꾸기
의미상의 동사	동사와 비슷하지만 → 동사는 아니다	동사 → '준'동사	*to* + 동사 동사 + *-ing* 동사 + *-ed*
의미상의 주어	주어와 비슷하지만 → 주어는 아니다	주어 → '의미상의' 주어	*for* + 주어 *of* + 주어

진짜와 가짜를 구별하는 방법

앞에 나온 동사와 헷갈리지 않게 모양을 바꾼 to 부정사, 현재 분사, 과거 분사를 '준동사'라고 합니다. 동사로 만들었기 때문에 동사와 모양이 '비슷하지만 동사는 아니다'란 뜻에서 '준'이란 말을 붙이죠. 이번에 나온 의미상의 주어도 그렇습니다. '주어와 비슷하지만 주어는 아니다'라는 뜻입니다. 1번 문장에서 진짜 주어는 I, 진짜 동사는 bought입니다. to play는 가짜 동사(준동사)니까 그 주어인 her도 진짜 주어는 아닌 것이지요. 그렇다 보니 '진짜'와 헷갈리지 않게 앞에 전치사를 붙여 줍니다.

전치사 for로 의미상의 주어에 붙이는 이유

- I found the book **for** him.
  나는 그를 위해 그 책을 찾았다.
- Mom cooked spaghetti **for** me.
  엄마는 나를 위해 스파게티를 요리하셨다.

위 두 문장처럼 for는 '주어가 행동을 하는 목적'이 되는 사람 앞에 씁니다. 앞의 1번 문장에서 '내가 피아노를 산' 이유는 '그녀가 연주하게 하려고'입니다. 주어인 'I'의 입장에서 볼 때 그녀가 연주하는 것이 '목적'인 것이지요. 목적에 맞춰 쓰는 전치사가 바로 for입니다.

전치사 of로 의미상의 주어를 만드는 이유

kind, silly, careful, wise, clever, rude, polite

의미상의 주어를 for 대신 of로 쓰는 경우가 있습니다. 조금 특별한 형용사가 앞에 나올 때죠. 이 형용사들은 '사람의 성격이나 특성'을 나타냅니다. 성격이나 특성은 '사람 안'에 있지요? of는 '~의'라는 뜻으로 소유를 나타냅니다. 그래서 사람이 자기 안에 '가지고 있는' 성격을 나타내는 위의 형용사들과 느낌이 잘 맞는답니다.

PLUS! 더 알아보기

의미상의 주어는 자리가 어디인가요?

It is pretty good to do the dishes.
설거지를 하면 참 좋겠네.

만약 엄마가 이렇게 얘기한다면 설거지는 누가 해야 하는 걸까요? 보통 아빠겠죠? 그러면 아빠는 문장에 어디에 써 줘야 할까요?

①　②　③　④

It is pretty good to do the dishes.

정답은 3번입니다. 주어를 동사 앞에 써주듯이 의미상의 주어도 준동사 to do 바로 앞에 써주면 듣는 사람이 이해하기 좋습니다.

QUIZ 알맞은 단어를 고르세요

1. It is natural (for / of / to) you to get angry.
   네가 화내는 것은 당연하다.

2. The music was too difficult (for / of / to) me to play.
   그 음악은 내가 연주하기에 너무 어려웠다.

3. It was kind (for / of / to) you to help older people.
   네가 어르신들을 도와드린 건 착한 일이야.

4. It was rude (for / of / to) you to open the door without knocking.
   네가 노크도 하지 않고 문을 연 것은 무례한 거야.

5. These shoes are too big (for / of / to) my son to wear.
   이 신발은 내 아들이 신기에 너무 크다.

정답 for, for, of, of, for

쉬어가는 TIME!

구동사(phrasal verb)는 어떻게 만들어졌나요?

1. David **respects** his teacher. 데이빗은 자신의 선생님을 존경한다.

2. David **looks up** his teacher. 데이빗은 자신의 선생님을 존경한다.

2번 문장의 look up처럼 여러 단어를 붙여서 하나의 단어처럼 쓰는 것을 구동사라고 해요. 1번 문장의 단어 respect와 2번 문장의 구동사 look up은 같은 뜻입니다. 영어에는 이렇게 같은 뜻의 단어와 구동사들이 많습니다. 구동사는 단어에 비해 길이도 길죠. 그런데 왜 굳이 구동사를 만들어 쓰고 있는 걸까요?

눈물 없이는 들을 수 없는 구동사 탄생 이야기

우리나라가 일본에게 나라를 빼앗겼듯이 영국도 여러 나라에게 침략을 당했습니다. 구동사 탄생의 특별한 이야기는 바로 이 '나라 잃은 슬픔'에서 시작합니다. 1066년 정복왕 윌리엄은 프랑스에서 건너와 영국을 다스렸습니다. 당시 프랑스 문화는 영국 문화보다 훨씬 더 발달했었답니다. 그래서 영국 사람들은 누가 시키지 않아도 프랑스 문화를 따라 했죠. 영어도 다르지 않았습니다. 귀족들은 물론이고 평민들조차 영어는 수준 낮은 언어라고 생각하고, 너도 나도 프랑스어를 쓰려고 했지요. 그래서 당시 영국에서 영어를 사용하는 사람은 전체의 15퍼센트 정도밖에 남지 않았다고 합니다. 그 사람들은 물론 모두 평민들이었고요. 영어는 곧 사라질 언어가 되어가고 있었습니다. 이때 영국의 몇몇 지식인들은 영어를 지키기 위한 방법을 고민하기 시작했습니다. '땅은 언젠가 되찾을 수 있지만, 언어는 한번 잊히면 영원히 되찾을 수 없다'고 생각했던 것이죠.

멸종 위기에 빠진 영어를 구하라!

영어가 사라지지 않게 하려면 사람들이 많이 쓰도록 해야 했어요. 그래서 지식인들이 생각해 낸 것이 '평민들을 위한 쉬운 영어'였습니다. 당시 영국 사람들은 프랑스어로부터 나온 새로운 단어들 때문에 어려움이 많았어요. '과일'이란 뜻으로 쓰던 apple마저도 프랑스로부터 온 'fruit'에 밀려 '사과'로 뜻이 바뀔 정도였으니까요.

지식인들은 사람들이 '평소에 이미 알고 있는' 쉬운 동사에 전치사나 부사를 붙여서 구동사를 만들기 시작했어요. 아래 그림처럼

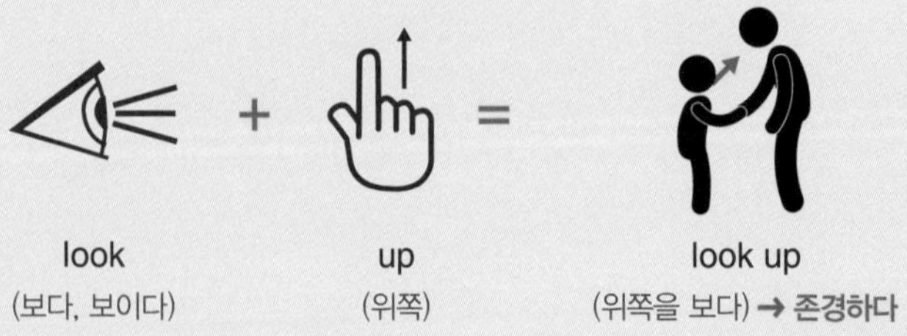

look(보다)에 up(위)을 합치면 '위를 보는 그림'이 쉽게 떠올라요. respect와 비교해 look up이 더 쉽게 느껴지지 않나요?

영국 사람들은 구동사 덕분에 영어를 잊지 않고 많이 사용하게 됐습니다. 물론 구동사의 숫자도 급격하기 늘어나기 시작했죠. 없어지지 않게 하려고 쉽게 만들다 보니 편리한 언어가 되어서 사람들이 더 많이 쓰게 된 것입니다.

쉬운 동사 (+)	전치사 (=)	구동사
• look	• up	• look up 보다 + 위 → 존경하다
• make	• down	
• put	• on	• give up 주다 + 모두 → 항복하다
• take	• to	
• cut	• over	• cut off 자르다 + 떨어진 → 잘라내다
• give	• off	

구동사는 원어민들이 생활 속에서 정말 많이 쓰는 '진짜 영어'입니다. 우리가 구동사를 많이 익힐수록 진짜 영어를 사용하게 되는 것이죠.

[단어]		[구동사]
start(시작하다)	<	kick off
cancel (취소하다)	<	call off
raise(키우다)	<	bring up
create(창조하다)	<	make up
appear(나타나다)	<	show up

2장

Super Mom이 알려주는 헷갈리기 쉬운 영어 30

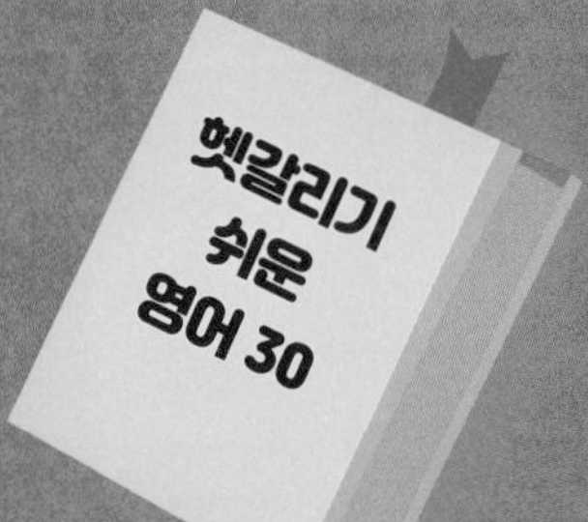

한국 속담에 '말 한마디로 천냥 빚을 갚는다'는 말이 있어요. 영어에서도 "Good words are good cheap."라는 말이 있는데요. 사실 영어는 의미를 콕 짚는 단어 하나면 문법이 좀 틀려도 듣는 사람은 쉽게 알아들을 수 있어요. 반대로 잘 쓴 문장도 어색한 단어 하나 때문에 듣는 사람은 혼란스러울 수 있습니다.

우리 아이들이 어릴 때부터 자연스러운 영어 단어를 사용하면 평생 자연스럽고 높은 수준의 영어를 할 수 있습니다. 10년 동안 학원 교실에서 한국 아이들을 보면서 꼭 바꿨으면 하는 단어들만 모아 보았습니다. 우리 아이들이 가장 많이 실수하는 단어가 무엇인지 궁금하지 않나요?

01
선생님은 teacher 말고 이렇게 불러 주세요

A: Mom, are you a **teacher**?

B: Yes, but why all of a sudden?

A: So, do your students call you **teacher**?

B: No, they call me **Mrs. Lee.**

A: 엄마, 엄마는 선생님이죠?

B: 그렇지, 갑자기 왜?

A: 그러면 학생들이 엄마를 선생님이라고 부르나요?

B: 아니 그들은 엄마를 Mrs. Lee라고 부르지.

한국 아이들은 예의가 바릅니다. 그래서 선생님의 이름과 성을 부르는 것이 불편해 'teacher'라고 불러요. 그렇지만 원어민들은 'teacher'라고 부르는 것을 오히려 더 불편해합니다. 친하게 생각하지 않아서 teacher라고 부른다고 생각할 수 있어요. 원어민 선생님들은 Mr.나 Miss, Mrs.와 함께 선생님의 성을 불러 주세요. 선생님의 이름만 부르면 어떠나고요? 그건 안 되는 일이죠. 왜냐하면 원어민들도 친구끼리는 이름을 부르지만 선생님 이름을 부르는 것은 좀 무례하다고 생각하거든요.

02
학교에서 받는 점수는 score가 아닙니다

A: Mom, I think I am a genius. I got a good **score** in English class. (grade)

B: That sounds good. What's your **grade**?

A: It's 90. Isn't it great?

A: 엄마, 난 천재인가 봐. 영어에서 좋은 점수 받았어.

B: 좋은 소식이네. 몇 점인데?

A: 90점이요. 너무 잘했죠?

'점수'라고 하면 아이들은 score라는 단어를 대부분 떠올립니다. TV에서 보는 운동경기나 버라이어티쇼에서 게임을 할 때 나오는 단어가 score니까요. 하지만 학교에서 받는 점수는 grade를 써주세요. 영국에서는 mark란 말도 많이 쓴답니다.

The final **score** of the soccer game was 5 to 4.

축구 게임의 최종 점수는 5:4였다.

03
미국에서 핸드폰은 hand phone이 아닙니다

A: Mom, can I play the phonics game with your **hand phone**? (cell phone)

B: Ok, but you could only play for 20 minutes.

A: Thank you!

A: 엄마, 나 엄마 핸드폰으로 파닉스 게임 해도 돼요?

B: 그래, 20분만 하는 거야.

A: 고맙습니다!

hand phone은 한국에 사는 원어민들도 알아듣는 말입니다. 한국 사람들이 워낙 많이 사용하는 표현이기 때문이지요. 하지만 올바른 표현은 cell phone입니다. cell phone에서 cell은 '세포'에요. 휴대폰 전파를 연결해 주는 통신탑이 마치 세포처럼 동네마다 있다고 해서 cell phone이라고 했다고 하네요.

영국에서는 mobile phone(가지고 움직이는 전화)이라고도 하니 이것도 알아두세요.

04
코믹하고 웃긴건 fun or funny?

A: Mom, I'd like to watch a **funny** movie this weekend. (fun)

B: Sure, like what? Something that will make you laugh?

A: No, something interesting.

A: 엄마, 이번 주 주말에 재미있는 영화를 보고 싶어요.

B: 그래, 어떤 거? 뭔가 너를 웃기게 해주는 영화?

A: 아니요, 흥미로운 걸로요.

월요일에 학원에서 만난 아이들은 주말에 했던 재미있었던 일을 종종 말해 줍니다. 그런데 funny와 fun을 반대로 말하는 경우가 많았습니다. 위의 문장처럼요. 둘 다 뜻이 '즐거움을 준다'라서 그런가 봅니다. fun과 funny는 '어떻게 즐거움을 주는지'가 달라요. funny는 개그맨이나 코미디언처럼 웃긴 말이나 행동으로 즐겁게 해주는 것이지요. 하지만 스포츠나 영화, 공연처럼 그 내용을 즐길 수 있어서 재미있었다면 그건 fun이라고 해주세요.

05
humor는 감각이지 웃긴 말이 아니에요

A: Mom, Jake always makes me laugh with **humors.** (jokes)

B: What does he say?

A: He says silly things.

B: How do you like them?

A: I think it's very funny.

A: 엄마, 제이크는 저한테 항상 농담으로 웃겨 줘요.

B: 뭐라고 하는데?

A: 그냥 우스꽝스러운 얘기들이요.

B: 넌 어때?

A: 너무 재미있는 거 같아요.

'유머'는 국어사전에도 나온 말로, '남을 웃기는 말이나 행동'라는 뜻을 가지고 있습니다. 그래서인지 아이들도 농담을 영어로 말할 때 '유머(humor)'라고 하는 경우가 많아요. humor는 농담 자체를 가리키는 말이 아니에요. 남을 재밌게 하는 '능력'이나 '감각'을 말합니다. 다른 친구가 한 웃기는 말은 joke라고 해 주세요.

06
mart와 슈퍼마켓, 같은 것 아닌가요?

A: I want to go to a **mart**. (supermarket, grocery store)

B: Why?

A: I want to buy some snacks.

B: Ok, we'll go to a **grocery store** later.

A: 마트에 가고 싶어요.

B: 왜?

A: 간식좀 사고 싶어서요.

B: 그래, 이따가 마트에 가자.

우리 주위에 있는 큰 상점들을 보면 '○마트', '□□마트'처럼 이름에 '마트'가 붙어 있습니다. 그렇지만 사실 영어에서 mart는 작든 크든 시장, 가게를 모두 가리키는 말이에요. 큰 상점을 가리키는 영어 단어는 mart가 아니라 supermarket입니다. 우리는 보통 동네에 있는 작은 상점을 슈퍼마켓이라고 부르잖아요? 앞으로 큰 상점은 supermarket, 작은 가게는 small market이나 grocery store라고 불러 주세요.

07
아무리 많아도 숙제는 homeworks가 아니에요

A: You seem busy now.

B: Yeah. I have **many homeworks** today.

(a lot of homework, assignments)

A: Ok, take it easy.

A: 너 바빠 보인다.

B: 맞아요. 오늘 숙제가 많아요.

A: 그래, 쉬엄쉬엄하렴.

한국의 아이들은 숙제가 많지요. 그래서 '숙제가 많다'는 말을 자주 합니다. 그리고 어김없이 many homeworks라고 말합니다. homework은 '숙제하는 일' 자체를 말합니다. 국어 숙제, 수학 숙제, 사회 숙제와 같이 각각의 숙제는 셀 수 있지만, 숙제를 하는 일 자체는 셀 수가 없겠지요? 그래서 숙제가 많다는 표현은 a lot of homework라고 말해 주세요. 혹은 숙제가 몇 개인지 꼭 말해야 한다면 assignments로 표현해 주세요. 'I have three assignments.' 처럼 말이죠.

08
pay와 pay for에 이렇게 큰 차이가?

A: Kayla, would you like to get a pencil for your new school year?

B: Yay! I love it.

A: Why don't we go **pay it** now? (pay for it)

B: Sure, thank you mom.

A: 케일라, 새학기에 쓸 연필 살래?

B: 우후! 너무 좋아요.

A: 그러면 지금 돈 내러 갈까?

B: 네, 고맙습니다.

pay는 물건을 사거나 서비스를 받았을 때 그에 대한 돈을 내는 것이지요. 그런데 여기에 아이들이 정말 많이 혼동하는 것이 있어요. '무엇을 위해서' 돈을 낸다고 할 때와 '누구에게' 돈을 내는지를 말할 때가 다르다는 점이에요. '무엇을 위해서'일 때는 pay for를 씁니다. 위의 예문에서도 '연필'을 사기 위해 돈을 내는 것이니까 pay for it이 되어야 합니다. 그렇지만 '누구에게 준다'라고 얘기할 때는 pay 다음에 for를 쓰지 않아요. pay는 뒤에 바로 사람을 쓰기 때문입니다. '너에게 갚을게'도 그래서 'I will pay you.'입니다.

언어 영어 vs. 문자 영어

사람은 태어나 만 1년이면 100여 개의 단어를 이해하고 만 2년이 지나면 어휘력이 폭발적으로 증가합니다. 만 3년이면 문법까지 터득해 문장으로 표현하는 수준이 되고, 만 4년이면 의사소통의 준비를 마치게 됩니다. 이러한 통계를 봤을 때 언어를 모국어처럼 습득하는 데는 분명 골든타임이 있는 것 같습니다.

저는 영어를 공부하기 위한 골든타임이 만 3~6세까지라고 생각합니다. 이 시기 때는 아이들이 문자(글씨, 알파벳)로 언어를 습득하기보다 어떠한 상황 속에서 글자를 느낌으로 받아들여 문장을 분석하지 않고 통으로 받아들입니다. 또한 다른 사람의 시선을 생각하지 않아 실수를 해도 부끄러워하지 않고, 다른 사람의 말을 따라하는 걸 좋아하는 시기이기 때문에 언어를 그대로 받아들일 수밖에 없는 나이입니다.

실제로 저희 딸이 만 4세 때 미국에 가서 현지에 있는 유치원에 다니기 시작했습니다. 두 달이 지나니 영어 듣기가 되고 상황에 맞는 의사소통이 짧게나마 되더라고요. 이후 4개월이 지나면서 말문이 폭발적으로 트이면서 한국말보다 영어를 더 편하게 사용했습니다.

반면 만 9살의 아들은 한국에서 문자 영어로 처음 영어를 접하면서 3년간 다른 여럿 아이들처럼 파닉스부터 단어, 문장, 글쓰기를 통해 영어를 배웠습니다. 그리고 똑같이 딸과 함께 미국에서 6개월 동안 미국에서 학교생활을 했어요. 아들은 평소 책 읽기를 좋아하는데 학교에서 매일 읽기 숙제를 줘서 읽기 습관이 잘 잡혔어요. 그리고 영어 독해를 통해 다양한 영어 표현들을 접하며 어휘력이 좋아졌습니다. 하지만 여전히 문장과 상황 속에서 접하는 영어를 통으로 자연스럽게 받아들이기보다 단어의 뜻을 찾고 문장을 파악하려고 합니다.

두 아이의 가장 큰 차이는 골든타임때 영어를 소리와 느낌으로 접했느냐 문자로 접했느냐에서 나옵니다. 이 골든타임을 잘 잡는다면 한국에서도 아이들이 원어민처럼 영어를 할 수 있을 거라 생각합니다.

09
wanna는 멋지지만 항상 쓸 수는 없어요

A: You sing songs all the time. Do you like singing?

B: Yes, I do. I **wanna** be a K-Pop star.

A: Wow, can't wait to see you on TV one day!

A: 너는 항상 노래를 부르네. 노래하는 걸 좋아해?

B: 응. 나는 K-Pop스타가 될 거야.

A: 와, 언젠가 너를 TV에서 볼 날이 기대된다!

wanna는 글에는 쓰지 않습니다. 그렇지만 미국 영화나 드라마에 보면 원어민들은 일상생활에서 want to라는 말보다는 wanna라고 말하는 경우가 더 많죠. wanna는 want to를 빠르게 발음해서 나오는 소리입니다. wanna라고 말하면 진짜 외국 사람이 된 것 같기도 하고 발음하기도 편해서 우리 아이들도 자주 쓴답니다. 그런데 주어가 he, she, it같은 3인칭 단수일 때는 wanna를 쓸 수 없습니다. 이유는 he가 주어면 want가 아니라 he wants to니까요. wanna는 want to를 발음대로 줄여서 하는 말인데 wants to는 wanna라고 발음되지 않지요? 그래서 he wanna라고는 쓰지 않는답니다.

10
메모지가 작다고 memo가 작지 않아요

(on the phone)

A: Hi, Kayla. Are you home?

B: Yeah, I got home now.

A: Can you take a **memo** for your brother? (message)

B: Ok. I'm ready.

(전화로)

A: 안녕, 케일라. 집이니?

B: 네 지금 들어왔어요.

A: 네 오빠한테 메세지 좀 전해 주겠니?

B: 네. 준비됐어요.

우리나라에서는 노란색 메모지를 많이 씁니다. 아주 작은 크기의 종이죠. '메모지'가 가진 '작다'는 이미지 영향인지 영어로 'memo'라고 하면 아주 간단히 적는 글이라고 생각하는 경우가 많더라구요. 그런데 영어로 memo는 꽤 긴 내용을 적는 것을 말해요. 회의 내용이나 수업 내용을 필기하는 것처럼 말이죠. 전화번호처럼 우리가 생각하는 짧은 내용은 message라고 합니다.

11
미국에서는 세트 메뉴를 먹을 수 없습니다

A: How about having some hamburger for lunch, Kayla?

B: I've been craving for that. I will have a **set menu** because I'm hungry. (combo)

A: Ok. You can have whatever you want.

A: 케일라, 점심으로 햄버거 어때?

B: 저 계속 먹고 싶었어요. 배가 고파서 세트 메뉴를 먹을 거예요.

A: 그래. 너 먹고 싶은 것 다 먹어도 돼.

우리나라에서 '햄버거 세트'를 시키면 햄버거, 콜라, 감자튀김이 함께 나옵니다. 그런데 미국에서는 그렇지 않아요. 미국 사람들에게 '세트 메뉴'는 햄버거면 햄버거, 콜라면 콜라 이렇게 같거나 비슷한 종류의 음식 여러 개를 묶어서 팔 때 쓰는 말이에요. 그렇기 때문에 햄버거, 콜라, 감자튀김을 묶어서 먹고 싶으면 미국에서는 combo라고 해야 해요.

combo는 서로 다른 종류의 것들을 묶은 것을 말합니다. 음식점에 따라서는 combo를 social, value meals라고도 한답니다. 알아두면 미국에서도 좋은 가격에 즐거운 식사를 하실 수 있을 거예요.

12
menu 말고 음식을 골라 주세요

A: Happy birthday, Kayla. I will buy you any **menu** you want. (dish)

B: Oh, thank you mom. Are you sure I could choose anything?

A: Of course. It's your day!

A: 케일라, 생일 축하해. 네가 먹고 싶은 거 아무거나 사줄게.

B: 오, 고마워요. 진짜 아무거나 골라도 돼요?

A: 물론이지. 너의 날이잖아!

"이번 달 파티 메뉴 뭐 먹어요, 선생님?"

한국 아이들이 자주 물었던 질문입니다. 한국어로 '메뉴'는 음식과 같은 말인 것 같습니다. 하지만 원어민들에게 메뉴는 메뉴판을 의미합니다. 음식은 menu가 아니라 dish라고 해야 하지요. 원어민과 식사를 할 때는 메뉴 말고 음식을 드시는 것 잊지 마세요.

I was surprised at the **menu**. It had so many **dishes**.
나는 메뉴판을 보고 놀랐다. 메뉴판에 아주 많은 음식들이 있었다.

원색으로 꾸며진 교실

미국 영화나 드라마에서 미국 초등학교의 모습을 본 적이 있으신가요? 건물에 발을 들여놓는 순간 미술관인가 하는 착각을 하게 할 정도로 강렬한 원색들이 여기저기에서 눈에 들어옵니다. 또한 다양한 작품들이 많이 전시되어 있어요. 이 모든 것은 다 학생들이 직접 그리고 만들고 글을 쓴 작품들이랍니다.

학교 복도뿐만 아니라 모든 교실 안에도 빈 공간이 없을 만큼 원색의 색상으로 학생들이 만든 작품들과 학생들이 일상 중에 배울 수 있는 중요한 학습 팁, 예절, 긍정적인 단어들로 채워져 있습니다.

이렇게 전시된 학생들의 작품은 학생들의 자존감을 높여줍니다. 자신이 만든 작품이 학교 곳곳에 걸려 있으니 얼마나 기쁘겠어요! 그뿐만 아니라 선생님들이 가지고 있는 자신의 학생들에 대한 프라이드도 보여줍니다. 이런 작품들은 학생들에게 좋은 자극이 됩니다. 이 자극을 통해 학생들이 가지고 있는 능력을 최대한으로 높입니다.

13
공책은 note가 아니에요

A: Mom, I need a new **note.** (notebook)

B: I bought a notebook for you yesterday. You'll love the cover.

A: You're the best!

A: 엄마, 새 공책이 필요해요.

B: 어제 사왔지. 커버가 마음에 들 거야.

A: 엄마 최고예요!

요즘 우리 아이들은 '공책' 대신 '노트'라는 말을 더 많이 쓰는 것 같아요. 그런데 노트를 발음나는 대로 영어로 표시하면 note인데 이것은 공책이 아닙니다. 공책은 영어로 notebook이죠. 우리가 note라고 말한다면 원어민들은 공책이라고 생각하지 않을 겁니다. note의 뜻은 명사로 '쪽지' 혹은 동사로 '적다'입니다. 그래서 note(글)를 적는 book(책)이 공책이 된 것이지요. note는 다음과 같이 써 보세요.

Please **note** my email address. 내 이메일 주소를 적어 줘.
Will you stick a **note** on the door for me?
이 쪽지를 문에 붙여 줄래?

14
'What is your job?'은 너무 직접적이에요

A: Mom, can I ask uncle Jeff **what his job is**? (what he does)

B: Yes, but be polite when you ask.

A: I got you!

A: 엄마, 제프 이모부에게 직업이 뭔지 물어봐도 돼요?

B: 그래, 예의 있게 여쭈어보렴.

A: 물론이죠!

'너의 직업은 무엇이니?'라는 말을 영어로 그대로 옮기면 "What is your job?"이 됩니다. 그런데 원어민들은 이 말을 거의 쓰지 않습니다. 그 대신에 "What do you do?"라는 말을 쓰지요. 직업(job)은 개인정보입니다. 사람에 따라서는 직업을 공개하고 싶지 않을 수 있어요. 특히 원어민들은 이런 부분에 더 민감한 거 아시죠? 그래도 궁금하다면 조심스럽게 물어봐야 합니다. "What is your job?(너의 직업은 뭐지?)"은 너무 직접적으로 물어보는 느낌입니다. 그래서 돌려서 물어보는 'What do you do?(어떤 일을 하시죠?)'를 쓴답니다. 하지만 직업을 물어보는 것은 실례가 될 수 있기 때문에 처음보는 사람에겐 잘 물어보지 않습니다.

15
아파트는 apart가 아닙니다

A: I would like to live in a family house. How about you, mom?

B: I want to live in an **apart**. (apartment)

A: Oh, do you like apartment buildings?

B: Yes, it's very convenient.

A: 저는 주택에서 살고 싶어요. 엄마는요?

B: 나는 아파트에서 살고 싶어.

A: 아, 아파트가 좋으세요?

B: 그래, 매우 편하거든.

아파트를 소리나는 대로 영어로 쓰면 apart지요. 그래서 종종 아이들이 "My apart is close. (우리 아파트 가까워)"라고 잘못 말하는 경우가 있더라고요. 아파트는 apartment라고 해야 한답니다. apartment는 아파트 건물 전체에서 '내가 사는 집만'을 말합니다. 만약 아파트 건물 전체를 말하려면 apartment building이나 apartment house를 쓰세요.

그들은 왜 스포츠 교육에 열광할까?

미국 초중고 학생들은 학습과 스포츠를 거의 동등하게 중요하다고 생각합니다. 스포츠를 하면서 규칙 안에서 공정하게 경쟁하는 법을 배우기 때문입니다. 또한 이들은 개인 종목의 스포츠보다 팀 스포츠를 더 선호합니다. 학교에서도 팀별 활동을 많이 하듯이 팀 스포츠에서도 배려심, 협동력, 책임감, 자립심, 성취감 등을 배울 수 있기 때문입니다.

특별히 스포츠 팀 활동을 하면서 학생들은 칭찬을 통해 자존감이 높아집니다. 예를 들어 한 아이가 게임 중 잘 풀리지 않거나 자존감이 떨어졌다고 판단되면 게임을 잠시 중단하고 모든 코치와 팀 멤버들이 함께 그 아이에게 달려가 "지금 너무 잘하고 있다. 혹시 컨디션이 안 좋으면 잠깐 쉬었다 다시 해보자. 그렇지 않으면 이러한 부분만 조금 신경 써서 집중해보자. 넌 잘하고 있고 잘할 수 있다"라고 다독이며 아이의 자존감을 세워주며 집중시킵니다.

반면 규칙에 대해서는 엄격한 편입니다. 게임에 대한 규칙도 중요하지만 특히 상대 선수에 대한 예의나 게임 중 지켜야 하는 예의를 더 중요하게 강조하는 편입니다.

16
친구와 meeting 한다고? 뭐가 그리 심각한데?

A: What will you do tonight?

B: I have a **meeting** with my friends. (plan)

A: Please come back home by 9 o'clock.

A: 오늘 밤에 뭐 할 거니?

B: 친구들과 모임이 있어요.

A: 9시까지는 집에 돌아오렴.

"선생님, 저 학원 끝나고 친구들 만나서 놀 거예요."

아이들이 참 자주 하는 말입니다. 학원에서 한국말을 못하게 하면 아이들은 대부분 이 말을 "I have a meeting."이라고 하는 경우가 많았습니다. 그런데 meeting은 회사 같은 곳에서 좀 무거운 주제를 토론하기 위해 모이는 것을 말합니다. 친구들과 가볍게 만나서 놀 거라면 plan이라고 써주세요.

Gordon will have the **meeting** with his customers this Friday.

고든은 이번 주 금요일에 자신의 고객과 회의를 할 것이다.

17
wear과 put on은 둘 다 같은 '입다'일까요?

A: Mom, where is my new T-shirt?

B: I don't know. It should be somewhere in your room.

A: Oh, here it is! Let me **wear** it now. (put on)

A: 엄마, 내 새 티셔츠 어디있어요?

B: 잘 모르겠는데. 네 방 어딘가 있을 거야.

A: 아, 여기 있다! 지금 입어야겠어요.

wear과 put on은 둘 다 옷이나 신발, 액세서리를 '입다'지요. 그렇지만 put on은 입는 행동을 말하고 wear은 이미 입고 있는 상태입니다. 아침에 입은(put on) 티셔츠를 하루 종일 입고 있는(wear) 것이지요.

I like to **wear** sunglasses in summer.
나는 여름에 선글라스를 쓰는 것을 좋아한다.

18
누구에게 말하는지가 중요하면 say가 아니라 tell로 말해주세요

A: I talked with dad about my dreams.

B: What did he say?

A: He **said** to me that he had the same ones when he was young. (told)

A: 나는 아빠에게 내 꿈에 대해 얘기했어요.

B: 아빠가 뭐라고 말씀하셨어?

A: 아빠도 어렸을 때 저와 같은 꿈을 가졌었다고 말씀해 주셨어요.

tell도 say처럼 '말하다'입니다. 두 단어 다 '말한 내용'이 중요합니다. 그런데 tell은 '누구'에게 말했는지까지도 중요한 단어라는 것이 차이입니다. 그래서 tell 바로 다음에 '듣는 사람'이 먼저 오고 그 다음으로 내용이 온답니다. say는 말의 내용이 중요하기 때문에 뒤에 '내용'만 옵니다. 누구에게 말하는 것인지 굳이 밝히고 싶다면 to와 함께 듣는 사람을 써준답니다.

She **said** sorry **to her daughter**.

그녀는 자신의 딸에게 미안하다고 말했다.

19
똑같이 '질병'이라는 뜻인데 disease와 illness의 차이가 크다구요?

A: Mom, my teacher Mrs. Kim was absent today because of **a disease.** (an illness)

B: What's wrong?

A: My substitute teacher said she has flu.

B: Hope she'll get better soon.

A: 엄마, 오늘 저희 선생님이 아파서 결석하셨어요.

B: 어디가 안 좋으신 거야?

A: 대체 선생님이 말하시길 김 선생님이 독감에 걸리셨대요.

B: 빨리 나으셨으면 좋겠다.

환절기만 되면 감기에 걸리는 아이들이 많습니다. 아이들은 이럴 때 감기를 disease라고 표현하는 경우가 많더군요. 사전에는 disease, illness 모두 병이니까요. 그렇지만 두 단어는 '심각성'에 따라서 구분해서 써야 해요. 알레르기(allergy), 독감(the flu), 식중독(food poisoning)과 같이 잠시 걸렸다 나을 수 있는 가벼운 병은 illness라고 합니다. 이에 비해 당뇨병(diabetes), 암(cancer)과 같이 치료에 오랜 시간이 걸리는 심한 병은 disease라고 한답니다.

20
내 딸에게 벌써 boyfriend가 생겼다고?

A: Mom, can I invite my **boyfriend** to my birthday party? (guy friend)

B: What do you mean? You have a boyfriend?

A: He is my friend in my class.

B: Oh, I thought you had a big surprise for me!

A: 엄마, 내 생일파티에 남자친구 초대해도 돼요?

B: 무슨 말이야? 남자친구가 있어?

A: 우리 반 친구예요.

B: 오, 깜짝 놀랄 일이 있는 줄 알았어!

많은 아이들이 남자 아이인 친구를 boyfriend라고 잘못 말할 때가 있지요. boyfriend와 girlfriend는 사귀는 사이인 여자와 남자를 가리킵니다. 사귀지 않는 그냥 남자인 친구라면 guy friend라고 하거나 그냥 friend라고 불러주세요.

장애 학생들에 대한 배려

한 미국 학교의 복도 바닥에는 아주 특별한 발자국 스티커가 붙여져 있었습니다. 장애 학생들이 지그재그로 밟으며 걸어가도록 만든 스티커였습니다. 장애 학생들은 이렇게 걸어가는 과정에서 스스로 집중력을 향상시키고 스트레스도 해소한다고 합니다. 이 스티커는 무려 1,000불이나 들여 만들었다고 합니다. 또한 이들을 위한 특별한 반도 준비되어 있습니다. 아이들은 하루에 몇 십 분씩 각자 필요한 학습, 지능, 신체 발달을 위해 이곳에서 선생님과 일대일로 만난답니다.

발달 장애나 정신적 상담이 필요한 학생들은 학교 안에서 매일 재활 치료도 받습니다. 학교 내에 작업치료사, 물리치료사, 심리치료사가 있기 때문이죠. 장애 학생과 관련해서 특히 눈에 띄었던 한 장면은 재활 치료를 받는 아이 중 한 명이 학교 복도에서 스쿠터를 타고 다니는 것이었습니다. 이런 것마저 장애 아동의 재활을 위한 치료법이라고 인정하는 그들의 열린 생각이 놀라웠습니다.

저는 한 4학년 반에서 시각장애인 학생을 만났습니다. 이 학생은 다른 학생들과 똑같이 모든 수업에 참여했습니다. 학교는 이 학생이 복도에서 길을 잃지 않고 안전하게 다니도록 건물 전체 벽에 특수 스티커를 붙였습니다. 그리고 오직 이 학생 한 명을 위해 일하는 1:1 선생님이 계셨답니다.

이 선생님은 시각장애인을 위한 프로그램을 직접 배우셔서 이 학생만을 위한 맞춤 교육을 해주시고 계셨습니다. 그런데 이분은 4년 동안 단 한 번도 높은 구두나 소리 나는 신발을 신지 않았습니다. 그 이유는 학생이 자기가 내는 구두 소리에 의존하지 않고 스스로 행동하도록 하기 위해서라고 했습니다.

선생님들뿐 아니라 같은 반 학생들의 배려도 대단했습니다. 반 전체가 조용히 독서를 하는 시간이었습니다. 그렇지만 장애 학생은 시각장애인 프로그램 때문에 타자 소리를 크게 낼 수밖에 없었지요. 다른 학생들은 책을 읽으면서도 단 한 번도 이 학생을 의식하지 않았습니다. 너무나 당연한 환경인 듯 다 각자 해야 할 일을 하고 있었습니다. 불편함을 느끼거나 왜곡된 눈빛으로 바라보지 않았습니다.

이처럼 미국 아이들은 장애 아이들과 같은 반에서 함께 교육을 받습니다. 이것이 가능한 이유는 선생님들이 먼저 배려를 가르치고 상대방에 대한 존중을 가르쳤기 때문이라고 생각합니다.

21

'How heavy are you?'라고 한다면 큰 실례가 되겠죠?

A: **How heavy are you**, mom? (How much do you weigh?)

B: Well, that's my top secret.

A: Don't worry, you look beautiful.

B: Thank you, my dear.

A: 엄마, 몸무게가 얼마나 나가요?

B: 그건 나의 가장 큰 비밀이야.

A: 걱정마세요, 엄마는 아름다우세요.

B: 사랑하는 딸아, 고마워.

'How heavy~?'라는 표현은 사물에 대해 쓰는 말입니다. 물건이 얼마나 무거운지 묻는 것이지요. 또한 heavy는 '무겁다'라는 뜻이기 때문에 상대방에게 먼저 "당신은 뚱뚱하시네요"라는 의미를 전달하는 것이 될 수 있습니다. 그래서 사람의 몸무게를 물어볼 땐 "How much do you weigh?"라고 해야 맞는 표현입니다.

22
샤워 후 gown을 입는다는 우리 공주

A: I want to wear a **gown** after I take a shower. (robe)

B: You can put on a **bath robe** to make yourself warm.

A: It feels so soft.

B: That's right!

A: 샤워 하고 가운을 입고 싶어요.

B: 몸을 따뜻하게 하려면 목욕 가운을 입어도 돼.

A: 너무 푹신푹신해요.

B: 그렇지!

실생활에서 정말 흔히 혼동할 수 있는 단어 중 하나입니다. 샤워나 목욕 후 걸치는, 특히 끈으로 매는 옷은 robe라고 합니다. 그래서 bath robe이라고도 하죠. 화려한 드레스나 졸업식 같은 격식있는 행사 때 옷 위에 걸쳐 입는 옷을 gown이라고 합니다. 그래서 웨딩드레스에 해당하는 말로 wedding gown이라고도 한답니다.

23

도대체 어떤 단어를 써야 하나요?

cloth vs. clothing vs. clothes

A: Kayla, what do you want to wear today?

B: I want to wear **a different cloth** than usual, like a dress.
(different clothes)

A: But you always wear a dress!

B: Ha ha, that's true.

A: 케일라, 오늘 무슨 옷을 입고 싶어?

B: 평소보다 다른 옷이요, 드레스요.

A: 그런데 넌 항상 드레스를 입잖아!

B: 하하, 그건 사실이죠.

'옷'은 clothes입니다. 그래서 '옷 하나'는 cloth라고 하는 아이들이 많아요. 그 이유는 clothes의 끝이 -es라서 복수처럼 보이기 때문이죠. 그렇지만 clothes는 원래 모양이 그래요. 셀 수 없는 명사라서 복수 자체가 없답니다. cloth는 헝겊, 천, 행주 등을 뜻하는 단어입니다. 복수는 cloths고요. 그렇다면 clothing은 뭘까요? 이것은 옷의 종류를 말해요. 어떤 한 품목의 옷을 사고 싶다면 "I want to buy a piece of clothing."이라고 표현하면 됩니다.

24
둘 다 같은 뜻 아닌가요? police vs. policeman

A: Mom, a **police** came to our school today. (policeman)

B: Really? Why?

A: He came to tell us what the police do and told us about safety rules.

B: What an interesting day!

A: 엄마, 오늘 학교에 경찰관이 왔어요.

B: 진짜? 왜?

A: 경찰들이 하는 일과 안전규칙에 대해 알려줬어요.

B: 흥미로운 하루였네!

경찰을 말하고 싶을 때 policeman, police officer, police라고 들은 건 많은데 아무거나 써도 되는지 궁금할 때가 있어요. 여기에는 분명한 차이점이 있습니다. 우리가 어느 한 경찰관을 뜻할 땐 policeman, 여자 경찰관인 경우 policewoman, 또는 성별에 상관없이 말할 때는 police officer이라고 합니다. 그러면 police는요? 이건 경찰관 한 명이 아닌 경찰 조직 전체를 뜻하는 것입니다.

현재 미국의 기본 교육은 '읽기'에서 시작된다

현지 미국 초등학생들은 읽기 테스트(A-Z 레벨로 나뉘져 있다)를 통해 본인 실력에 맞춘 책을 읽게 됩니다. 이 과정에서 학교 내 도서실은 물론이고 각 반마다 레벨별로 책들이 비치되어 있습니다.

학생들은 자기에게 맞는 레벨의 책을 선정해서 매일 읽어야 합니다. 하루 최소 30분 이상 책을 읽는 것은 거의 모든 학교가 아이들에게 주는 숙제지요. 아이들은 학기별로 읽기 목표량을 세우고 이를 달성해야 합니다. 그래서인지 일상에서도 책 읽는 모습을 흔하게 볼 수 있습니다.

제가 올해 미국으로 잠시 돌아가 대체 선생님으로 잠시 일했던 학교는 아이들이 책을 고르고 읽는 과정을 재미있게 구성해 운영하고 있었습니다. 프로그램 이름은 'Book Shopping'이라고 불리는 이 프로그램은 각 학생들마다 색깔별로 보자기 같은 쇼핑백을 가지고 있습니다. 쇼핑백 안에는 최대 10개의 책들을 소지할 수 있어요. 반에 있는 각자의 읽기 레벨 부분에서 아이들이 직접 책을 쇼핑해 쇼핑백 안에 넣고 다 읽은 책들은 반납하는 개념입니다. 학생들은 너무나 자연스럽게 "Can I shop more books?"라고 물어보더라고요.

미국 학교에서는 책을 각자 읽는 것으로 끝나지 않습니다. 선생님과 아이들이 함께 모여 앉아 읽은 내용에 대해 얘기해보는 시간이 있지요. 초등 고학년 학생들도 예외는 아닙니다. 아이들은 교실 앞 매트에 옹기종기 모여 앉고, 선생님은 편안하게 흔들의자에 앉아 편안한 분위기에서 책 이야기를 한답니다. 이 시간을 통해 아이들은 논리력이 향상되는 것은 물론이고 자기 생각을 적극적으로 말하는 방법을 배웁니다.

25
'Do you mind~?'라는 질문에 Yes? 아님 No?

A: Kayla, **do you mind** if I eat your candy?

B: **Yes**. You could have it. (No)

A: Thank you.

A: 케일라, 네 사탕좀 먹어도 될까?

B: 네. 드셔도 돼요.

A: 고마워.

'Do you mind~?'라고 물어보는 건 상대방에게 마음을 고려해서 예의 있게 물어보는 것이죠. 한마디로 "내가 ~을 하면 네 마음이 불편하겠니?"라는 의미를 가지고 있습니다. 이럴 때 Yes라고 답한다면 "응, 불편해"라고 답하는 것이기 때문에 '괜찮다, 허락한다'는 의미를 전달할 땐 'No'라고 답해야 합니다. 대답을 잘못 하면 단어 하나의 차이로 불편한 사이가 될 수 있겠죠?

26

today morning, 맞는 것 같지만 아니죠!

A: When do you have your talent show at school?

B: **Today morning.** (This morning)

A: Are you ready for it?

B: I'll try my best.

A: 학교에서 장기자랑 언제 하니?

B: 오늘 아침에요.

A: 준비됐니?

B: 최선을 다할게요.

우리 아이들에게 "오늘 뭐 했니? 뭐 할 거니?"라고 물어보면 'today morning, today afternoon'이라고 시작하는 친구들이 많아요. 글자 그대로를 뜻해서 '오늘 아침' 또는 '오늘 오후'라고 생각할 수 있지만 잘못된 표현입니다. 올바른 표현은 this morning, this afternoon입니다. 그렇다면 '오늘 밤'은 뭐라고 할까요? 정답은 tonight입니다.

27
예약할 때 appointment 아님 reservation?

A: Kayla, I need to make **an appointment** for dinner tomorrow. (a reservation)

B: Why, is it a special day?

A: Yes, it's grandfather's birthday.

B: I can't wait, mommy!

A: 케일라, 엄마가 내일 저녁식사 때문에 식당 예약을 해야 해.

B: 왜요? 무슨 특별한 날이에요?

A: 응, 할아버지 생신이거든.

B: 너무 기대돼요, 엄마!

뜻은 비슷하지만 상황과 쓰임새에 따라 다르게 사용되는 appointment와 reservation입니다. appointment는 중요한 미팅이나 병원 치료 예약 등을 할 때 쓰는 단어입니다. reservation은 어떤 시설, 장소, 자리를 예약할 때 씁니다. 예를 들어 호텔, 식당 같은 곳을 예약할 때 사용하죠. 항공권을 예약할 때는 book이라는 뜻을 가진 단어도 사용한답니다.

28

closet과 dresser는 어떤 차이가 있을까요?

A: Can you fold your clothes and put it in the **closet**? (dresser)

B: Ok, mom and I'll put my dress in the closet.

A: You're a great helper!

B: Any time!

A: 옷을 접어서 네 서랍장에 넣어줄 수 있겠니?

B: 네, 엄마, 드레스는 붙박이장에 넣을게요.

A: 넌 정말 좋은 도우미야!

B: 언제든지요!

둘 다 옷을 넣는 곳인데 무엇이 다르냐고요? closet은 한마디로 옮겨 다닐 수 없는 붙박이장 같은 것입니다. 우리는 여기에 옷걸이에 걸어서 보관하는 옷이나 부피가 큰 이불을 넣지요. 반면에 dresser는 옷을 접어 넣는 서랍장을 뜻합니다. 이것은 쉽게 자리를 바꿀 수도 있고 오래되거나 마음에 들지 않으면 새로 구매하기도 하지요.

29

엄마, 저 원피스 입을래요! No, it's a dress!

A: Mom, it's too hot today. Can I wear a short **one-piece**? (dress)

B: Ok, you could pick your own.

A: I'm so excited!

A: 엄마, 오늘 너무 더워요. 짧은 드레스 입어도 돼요?

B: 그래, 네가 고르렴.

A: 너무 신나요!

어렸을 때부터 원피스는 너무 익숙한 단어였습니다. 늘 엄마가 "원피스 입자"하던 얘기가 생각나는데 많은 한국인들도 그랬을 것 같아요. 하지만 one-piece라는 건 위아래가 하나로 되어 있는 옷을 뜻해요. 수영복 같은 비키니처럼 two-piece로 나뉘어져 있고 하나로 된 one-piece도 있죠. 우리가 알고 있는 원피스는 dress라고 불러야 합니다.

30
참 nice한 어린이는 so nice boy가 아니랍니다

A: Ms. Kim, Ted is **so nice boy**. He always helps me. (such a nice boy)

B: He is so kind. What did he help you with?

A: He helped me with my homework.

A: 김 선생님, 테드는 참 좋은 소년이에요. 저를 항상 도와줘요.

B: 그 아이 참 친절하구나. 그가 뭘 도와주었지?

A: 그 아이가 내가 숙제하는 것을 도와줬어요.

'너무 좋다(so nice)'라고 할 때, '너무'는 so입니다. 그래서 우리 친구들은 '너무 좋은 아이'라고 말하고 싶을 때 'so nice boy'라고 많이 하더라고요. nice 뒤에 boy가 있으면 so 대신 such를 써서 'such a nice boy'라고 해주세요. such는 명사와 친하고, so는 형용사와 친하니까요. 꼭 기억해 주세요.

* such와 nice 중간에 a는 관사에요. boy라는 명사가 나오려면 관사가 필요합니다.

기다림의 중요성

미국은 사회성을 정말 중요하게 생각하고 그러한 교육을 많이 시킵니다. 그런데 개인에 대한 사생활 존중도 아주 중요하게 생각합니다. 특히 다른 사람에게 불편함을 주는 것에 대해 상당히 무례하다고 생각합니다. 예를 들어 모르는 사람을 빤히 쳐다보는 것, 너무 가까이 가서 말하는 것들이 예의에 어긋난다고 생각하죠.

또한 어른들이 이야기를 나눌 때 어린아이가 궁금한 점이 있어 말하는 도중 끼어들어 물어보면 절대 그 아이의 질문에 답하지 않고 "I'm in the middle of a conversation, please wait. (나는 지금 대화 중이야. 기다려주렴.)"라고 단호하게 말하고 아이를 끝까지 기다리게 합니다. 실제로 제가 직접 경험했던 것 중 가장 놀랐던 일은 세 살 남자아이가 엄마에게 궁금한 것이 있는데도 엄마가 기다리라고 말한 한마디에 끝까지 자기 차례를 기다린 모습이었습니다.

미국 교육 열풍의 중심, 논술

미국도 강남 못지않은 교육 열풍이 부는 지역이 늘어나고 있습니다. 특히 뉴저지, 뉴욕 주에서는 특수 목적 고등학교 입시 열풍이 한창입니다. 그 이유는 미국에서도 좋은 대학에 가려면 특수 목적 고등학교(특목고)에 가는 것이 유리하기 때문이지요. 또한 타 지역보다 특히 많은 아시아권 이주자들도 이에 한몫을 했습니다. 이들은 미국에서도 놀라운 교육열을 가지고 있기 때문이죠.

특목고 입학시험 중 가장 중요한 과목은 수학과 논술입니다. 그 중에서 논술의 비중은 말할 수 없을 정도입니다. 그래서 미국에도 고액 학원이 속속 들어서고 있습니다. 실제로 논술은 다른 과목에 비해 훨씬 높은 학원비를 내야 합니다. 제가 직접 확인한 곳은 수업 한 회 당 1,000달러였어요. 이렇게 수업료가 비싼데도 아무나 들어갈 수 없습니다.

미국 특수 목적 고등학교의 논술 시험은 다양한 분야에 대한 장문을 읽고 다섯 단락으로 에세이를 쓰는 것입니다. 그 안에는 서론, 본론, 결론이 명확히 구분되어야 합니다. 최근에 가장 자주 출제된 것은 'Persuasive Essay'(설득하는 글)입니다. 시험 전에 외운 지식을 그대로 나열해서는 좋은 점수를 받을 수 없습니다. 주제에 대한 자신의 생각을 얼마나 풍부하고 설득력 있게 쓰는지가 가장 중요합니다.

특목고를 준비하는 아이들은 이런 형태의 에세이를 거의 매일 연습합니다. 논술 이외에 수학 시험과 인터뷰도 함께 준비해야 해요. 한국의 교육열과도 감히 비교해볼 만합니다. 그렇지만 확실히 다른 한 가지는 좋은 고등학교에 가기 위해 한국은 많은 지식을 준비하지만 미국은 많은 생각을 준비한다는 점입니다.

미국에서 논술은 대학 졸업 후에도 중요합니다. 회사 생활은 물론, 심지어 집을 살때도 쓰이기도 한답니다. 미국에서는 가끔씩 시중가보다 저렴한 집이 나오는 경우가 있습니다. 이런 집들은 대부분 집 주인이 그 집에 애착이 있어 돈보다는 그 집을 아껴 줄 사람을 찾는 경우지요. 만약 구매자로 선정된다면 3천만~5천만 원을 아끼게 되니 당연히 사려는 사람들도 많겠지요? 그런데 재미있는 것은 집주인이 구매자를 고를 때 '그 집을 왜 사고 싶은지에 대해 진심어린 편지'를 받는다는 것입니다. 상상이 가시나요?

미국에 사는 저의 두 자매들을 예로 들어보겠습니다. 둘째 동생네는 사려고 하는 집의 문이 '빨간색'인 점에 초점을 맞췄습니다. 그런데 집주인에게도 빨간 문은 그의 가족들에게 특별한 의미가 있었고, 편지 한 통이 집주인의 마음을 사로잡았습니다. 셋째 동생네는 그 집을 본 순간의 느낌을 진솔하게 적었습니다. 그 집안에서 행복하게 사는 가족들의 모습을 묘사하면서 앞으로 그 집에서 그려갈 미래를 적어 집주인에게 감동을 주었습니다.

이렇게 미국에서 논술은 입시에서만 필요한 것이 아닙니다. 그런데 우리나라에서도 이와 마찬가지라고 생각합니다. 글과 말로써 남을 설득하는 능력은 사회생활에서 가장 중요한 덕목 중에 하나이니까요. 우리나라도 미국처럼 삶에 꼭 필요한 능력을 어릴 때부터 기를 수 있는 방향으로 교육이 바뀌어가면 좋겠습니다.

슈팸TV :

아빠영문법과 영맘영어놀이를 동영상으로 볼 수 있는 곳

슈팸TV는 Super Family TV의 약자입니다. 아이들과 부모님이 함께 보고 따라 하는 가족영어놀이와 영문법의 이유를 소개합니다. 슈퍼대디와 슈퍼맘, 그리고 아이들의 목소리와 모습이 궁금하시다고요? 가족 모두 함께 놀러 오세요.

YouTube에서 **'슈팸TV'**를 검색해주세요!

https://www.youtube.com/channel/UChFJgYCXDjThVwYysX8gOhg/

NaverTV에서 **'슈팸TV'**를 검색해주세요!

https://tv.naver.com/supertv

네이버 포스트 〈아빠영문법 101가지이유〉 :
아빠영문법과 영맘영어놀이를 글로 읽을 수 있는 곳

2018년 12월 네이버 포스트에, 아이가 궁금해하는 영문법의 이유들을 아빠와 아들의 대화로 쉽고 재미있게 풀어나갔습니다. 자녀들의 영문법 질문에 대답하기 힘들어하는 부모들과 영문법을 궁금해하는 사람들에게 좋은 반응을 얻어 1만 명 이상의 팔로워가 응원해주었습니다(시즌1). 그리고 2019년 12월 콘텐츠를 더 깊이 있게 연구해 짧고 재미있는 주제로 영문법을 설명하고 영맘영어놀이도 함께 담아 새롭게 시즌2를 연재하고 있습니다.

네이버 포스트: 아빠영문법 101가지이유

https://post.naver.com/jufe98